U0534966

当代齐鲁文库·20世纪"乡村建设运动"文库

The Library of Contemporary Shandong

Selected Works of Rural Construction Campaign of the 20th Century

山东社会科学院 编纂

/17

傅葆琛 著

乡村生活与乡村教育
乡村平民教育的理论与实际

中国社会科学出版社

图书在版编目(CIP)数据

乡村生活与乡村教育 乡村平民教育的理论与实际 / 傅葆琛著. —北京：中国社会科学出版社，2019.10（2020.11 重印）

（当代齐鲁文库 . 20 世纪"乡村建设运动"文库）

ISBN 978-7-5203-5424-0

Ⅰ.①乡… Ⅱ.①傅… Ⅲ.①乡村教育—文集②乡村教育—平民教育—中国—民国—文集 Ⅳ.①G725-53②G729.29-53

中国版本图书馆 CIP 数据核字（2019）第 232676 号

出 版 人	赵剑英
责任编辑	冯春凤
责任校对	张爱华
责任印制	张雪娇
出 版	中国社会科学出版社
社 址	北京鼓楼西大街甲 158 号
邮 编	100720
网 址	http://www.csspw.cn
发 行 部	010-84083685
门 市 部	010-84029450
经 销	新华书店及其他书店
印刷装订	北京君升印刷有限公司
版 次	2019 年 10 月第 1 版
印 次	2020 年 11 月第 2 次印刷
开 本	710×1000 1/16
印 张	17
插 页	2
字 数	235 千字
定 价	98.00 元

凡购买中国社会科学出版社图书，如有质量问题请与本社营销中心联系调换
电话：010-84083683
版权所有　侵权必究

《当代齐鲁文库》编纂说明

不忘初心、打造学术精品，是推进中国特色社会科学研究和新型智库建设的基础性工程。近年来，山东社会科学院以实施哲学社会科学创新工程为抓手，努力探索智库创新发展之路，不断凝练特色、铸就学术品牌、推出重大精品成果，大型丛书《当代齐鲁文库》就是其中之一。

《当代齐鲁文库》是山东社会科学院立足山东、面向全国、放眼世界倾力打造的齐鲁特色学术品牌。《当代齐鲁文库》由《山东社会科学院文库》《20世纪"乡村建设运动"文库》《中美学者邹平联合调查文库》《山东海外文库》《海外山东文库》等特色文库组成。其中，作为《当代齐鲁文库》之一的《山东社会科学院文库》，历时2年的编纂，已于2016年12月由中国社会科学出版社正式出版发行。《山东社会科学院文库》由34部44本著作组成，约2000万字，收录的内容为山东省社会科学优秀成果奖评选工作开展以来，山东社会科学院获得一等奖及以上奖项的精品成果，涉猎经济学、政治学、法学、哲学、社会学、文学、历史学等领域。该文库的成功出版，是山东社会科学院历代方家的才思凝结，是山东社会科学院智库建设水平、整体科研实力和学术成就的集中展示，一经推出，引起强烈的社会反响，并成为山东社会科学院推进学术创新的重要阵地、引导学风建设的重要航标和参与学术交流的重要桥梁。

以此为契机，作为《当代齐鲁文库》之二的山东社会科学院

"创新工程"重大项目《20世纪"乡村建设运动"文库》首批10卷12本著作约400万字,由中国社会科学出版社出版发行,并计划陆续完成约100本著作的编纂出版。

党的十九大报告提出:"实施乡村振兴战略,农业农村农民问题是关系国计民生的根本性问题,必须始终把解决好'三农'问题作为全党工作重中之重。"以史为鉴,置身于中国现代化的百年发展史,通过深入挖掘和研究历史上的乡村建设理论及社会实验,从中汲取仍具时代价值的经验教训,才能更好地理解和把握乡村振兴战略的战略意义、总体布局和实现路径。

20世纪前期,由知识分子主导的乡村建设实验曾影响到山东省的70余县和全国的不少地区。《20世纪"乡村建设运动"文库》旨在通过对从山东到全国的乡村建设珍贵历史文献资料大规模、系统化地挖掘、收集、整理和出版,为乡村振兴战略的实施提供历史借鉴,为"乡村建设运动"的学术研究提供资料支撑。当年一大批知识分子深入民间,投身于乡村建设实践,并通过长期的社会调查,对"百年大变局"中的乡村社会进行全面和系统地研究,留下的宝贵学术遗产,是我们认识传统中国社会的重要基础。虽然那个时代有许多的历史局限性,但是这种注重理论与实践相结合、俯下身子埋头苦干的精神,仍然值得今天的每一位哲学社会科学工作者传承和弘扬。

《20世纪"乡村建设运动"文库》在出版过程中,得到了社会各界尤其是乡村建设运动实践者后人的大力支持。中国社会科学院和中国社会科学出版社的领导对《20世纪"乡村建设运动"文库》给予了高度重视、热情帮助和大力支持,责任编辑冯春凤主任付出了辛勤努力,在此一并表示感谢。

在出版《20世纪"乡村建设运动"文库》的同时,山东社会科学院已经启动《当代齐鲁文库》之三《中美学者邹平联合调查文库》、之四《山东海外文库》、之五《海外山东文库》等特色文库的编纂工作。《当代齐鲁文库》的日臻完善,是山东社会科学院坚持问题导向、成果导向、精品导向，实施创新工程、激发科研活力结出的丰硕成果，是山东社会科学院国内一流新型智库建设不断实现突破的重要标志，也是党的领导下经济社会全面发展、哲学社会科学欣欣向荣繁荣昌盛的体现。由于规模宏大，《当代齐鲁文库》的完成需要一个过程，山东社会科学院会笃定恒心，继续大力推动文库的编纂出版，为进一步繁荣发展哲学社会科学贡献力量。

山东社会科学院
2018 年 11 月 17 日

编纂委员会

顾　　问	徐经泽　梁培宽
主　　任	李培林
编辑委员会	唐洲雁　张述存　王兴国　袁红英 韩建文　杨金卫　张少红
学术委员会	（按姓氏笔画排列） 王学典　叶　涛　刘显世　孙聚友 杜　福　李培林　李善峰　吴重庆 张　翼　张士闪　张凤莲　林聚任 杨善民　宣朝庆　徐秀丽　韩　锋 葛忠明　温铁军　潘家恩
总 主 编	唐洲雁　张述存
主　　编	李善峰

总 序

从传统乡村社会向现代社会的转型,是世界各国现代化必然经历的历史发展过程。现代化的完成,通常是以实现工业化、城镇化为标志。英国是世界上第一个实现工业化的国家,这个过程从17世纪资产阶级革命算起经历了200多年时间,若从18世纪60年代工业革命算起则经历了100多年的时间。中国自近代以来肇始的工业化、城镇化转型和社会变革,屡遭挫折,步履维艰。乡村建设问题在过去一百多年中,也成为中国最为重要的、反复出现的发展议题。各种思想潮流、各种社会力量、各种政党社团群体,都围绕这个议题展开争论、碰撞、交锋,并在实践中形成不同取向的路径。

把农业、农村和农民问题置于近代以来的"大历史"中审视不难发现,今天的乡村振兴战略,是对一个多世纪以来中国最本质、最重要的发展议题的当代回应,是对解决"三农"问题历史经验的总结和升华,也是对农村发展历史困境的全面超越。它既是一个现实问题,也是一个历史问题。

2017年12月,习近平总书记在中央农村工作会议上的讲话指出,"新中国成立前,一些有识之士开展了乡村建设运动,比较有代表性的是梁漱溟先生搞的山东邹平试验,晏阳初先生搞的河北定县试验"。

"乡村建设运动"是20世纪上半期(1901到1949年间)在中国农村许多地方开展的一场声势浩大的、由知识精英倡导的乡村改良实践探索活动。它希望在维护现存社会制度和秩序的前提下,通过兴办教育、改良农业、流通金融、提倡合作、办理地方自治与自卫、建立公共卫生保健制度和移风易俗等措施，复兴日趋衰弱的农村经济，刷新中国政治，复兴中国文化，实现所谓的"民族再造"或"民族自救"。在政治倾向上，参与"乡村建设运动"的学者，多数是处于共产党与国民党之间的'中间派'，代表着一部分爱国知识分子对中国现代化建设道路的选择与探索。关于"乡村建设运动"的意义，梁漱溟、晏阳初等乡建派学者曾提的很高，认为这是近代以来，继太平天国运动、戊戌变法运动、辛亥革命运动、五四运动、北伐运动之后的第六次民族自救运动，甚至是"中国民族自救运动之最后觉悟"。[①] 实践证明，这个运动最终以失败告终，但也留下很多弥足珍贵的经验和教训。其留存的大量史料文献，也成为学术研究的宝库。

"乡村建设运动"最早可追溯到米迪刚等人在河北省定县翟城村进行"村治"实验示范，通过开展识字运动、公民教育和地方自治，实施一系列改造地方的举措，直接孕育了随后受到海内外广泛关注、由晏阳初及中华平民教育促进会所主持的"定县试验"。如果说这个起于传统良绅的地方自治与乡村"自救"实践是在村一级展开的，那么清末状元实业家张謇在其家乡南通则进行了引人注目的县一级的探索。

20 世纪 20 年代，余庆棠、陶行知、黄炎培等提倡办学，南北各地闻风而动，纷纷从事"乡村教育""乡村改造""乡村建设"，以图实现改造中国的目的。20 年代末 30 年代初，"乡村建设运动"蔚为社会思潮并聚合为社会运动，建构了多种理论与实践的乡村建设实验模式。据南京国民政府实业部的调查，当时全国从事乡村建设工作的团体和机构有 600 多个，先后设立的各种实验区达 1000 多处。其中比较著名的有梁漱溟的邹平实验区、陶行知的晓庄实验区、晏阳初的定县实验区、鼓禹廷的宛平实验区、黄炎培的昆山实

---

① 《梁漱溟全集》第五卷，山东人民出版社 2005 年版，第 44 页。

验区、卢作孚的北碚实验区、江苏省立教育学院的无锡实验区、齐鲁大学的龙山实验区、燕京大学的清河实验区等。梁漱溟、晏阳初、卢作孚、陶行知、黄炎培等一批名家及各自领导的社会团体，使"乡村建设运动"产生了广泛的国内外影响。费正清主编的《剑桥中华民国史》，曾专辟"乡村建设运动"一节，讨论民国时期这一波澜壮阔的社会运动，把当时的乡村建设实践分为西方影响型、本土型、平民型和军事型等六个类型。

1937年7月抗日战争全面爆发后，全国的"乡村建设运动"被迫中止，只有中华平民教育促进会的晏阳初坚持不懈，撤退到抗战的大后方，以重庆璧山为中心，建立了华西实验区，开展了长达10年的平民教育和乡村建设实验，直接影响了后来台湾地区的土地改革，以及菲律宾、加纳、哥伦比亚等国家的乡村改造运动。

"乡村建设运动"不仅在当事者看来"无疑地已经形成了今日社会运动的主潮"，[①] 在今天的研究者眼中，它也是中国农村社会发展史上一次十分重要的社会改造活动。尽管"乡村建设运动"的团体和机构，性质不一，情况复杂，诚如梁漱溟所言，"南北各地乡村运动者，各有各的来历，各有各的背景。有的是社会团体，有的是政府机关，有的是教育机关；其思想有的左倾，有的右倾，其主张有的如此，有的如彼"[②]。他们或注重农业技术传播，或致力于地方自治和政权建设，或着力于农民文化教育，或强调经济、政治、道德三者并举。但殊途同归，这些团体和机构都关心乡村，立志救济乡村，以转化传统乡村为现代乡村为目标进行社会"改造"，旨在为破败的中国农村寻一条出路。在实践层面，"乡村建设运动"的思想和理论通常与国家建设的战略、政策、措施密切

[①] 许莹涟、李竟西、段继李编述：《全国乡村建设运动概况》第一辑上册，山东乡村建设研究院1935年出版，编者"自叙"。

[②] 《梁漱溟全集》第二卷，山东人民出版社2005年版，第582页。

相关。

在知识分子领导的"乡村建设运动"中,影响最大的当属梁漱溟主持的邹平乡村建设实验区和晏阳初主持的定县乡村建设实验区。梁漱溟和晏阳初在从事实际的乡村建设实验前,以及实验过程中,对当时中国社会所存在的问题及其出路都进行了理论探索,形成了比较系统的看法,成为乡村建设实验的理论根据。

梁漱溟曾是民国时期宪政运动的积极参加者和实践者。由于中国宪政运动的失败等原因,致使他对从前的政治主张逐渐产生怀疑,抱着"能替中华民族在政治上经济上开出一条路来"的志向,他开始研究和从事乡村建设的救国运动。在梁漱溟看来,中国原为乡村国家,以乡村为根基与主体,而发育成高度的乡村文明。中国这种乡村文明近代以来受到来自西洋都市文明的挑战。西洋文明逼迫中国往资本主义工商业路上走,然而除了乡村破坏外并未见都市的兴起,只见固有农业衰残而未见新工商业的发达。他的乡村建设运动思想和主张,源于他的哲学思想和对中国的特殊认识。在他看来,与西方"科学技术、团体组织"的社会结构不同,中国的社会结构是"伦理本位、职业分立",不同于"从对方下手,改造客观境地以解决问题而得满足于外者"的西洋文化,也不同于"取消问题为问题之解决,以根本不生要求为最上之满足"的印度文化,中国文化是"反求诸己,调和融洽于我与对方之间,自适于这种境地为问题之解决而满足于内者"的"中庸"文化。中国问题的根源不在他处,而在"文化失调",解决之道不是向西方学习,而是"认取自家精神,寻求自家的路走"。乡村建设的最高理想是社会和政治的伦理化,基本工作是建立和维持社会秩序,主要途径是乡村合作化和工业化,推进的手段是"软功夫"的教育工作。在梁漱溟看来,中国建设既不能走发展工商业之路,也不能走苏联的路,只能走乡村建设之路,即在中国传统文化基础上,吸收西方文化的长处,使中西文化得以融通,开创民族复兴的道路。他特别强调,"乡村建设,实非建设乡村,而意在整个中国社会之建设。"① 他将乡村建设提到建国的高度来认识，旨在为中国"重建一新社会组织构造"。他认为，救济乡村只是乡村建设的"第一层意义"，乡村建设的"真意义"在于创造一个新的社会结构，"今日中国问题在其千年相沿袭之社会组织构造既已崩溃，而新者未立；乡村建设运动，实为吾民族社会重建一新组织构造之运动。"② 只有理解和把握了这一点，才能理解和把握"乡村建设运动"的精神和意义。

晏阳初是中国著名的平民教育和乡村建设专家，1926年在河北定县开始乡村平民教育实验，1940-1949年在重庆歇马镇创办中国乡村建设育才院，后改名中国乡村建设学院并任院长，组织开展华西乡村建设实验，传播乡村建设理念。他认为，中国的乡村建设之所以重要，是因为乡村既是中国的经济基础，也是中国的政治基础，同时还是中国人的基础。"我们不愿安居太师椅上，空做误民的计划，才到农民生活里去找问题，去解决问题，抛下东洋眼镜、西洋眼镜、都市眼镜，换上一副农夫眼镜。"③ 乡村建设就是要通过长期的努力，去培养新的生命，振拔新的人格，促成新的团结，从根本上再造一个新的民族。为了实现民族再造和固本宁邦的长远目的，他在做了认真系统的调查研究后，认定中国农村最普遍的问题是农民中存在的"愚贫弱私"四大疾病；根治这四大疾病的良方，就是在乡村普遍进行"四大教育"，即文艺教育以治愚、生计教育以治贫、卫生教育以治弱、公民教育以治私，最终实现政治、教育、经济、自卫、卫生、礼俗"六大建设"。为了实现既定的目标，他坚持四大教育连锁并进，学校教育、社会教育、家庭教育统筹协调。他把定县当作一个"社会实验室"，通过开办平民学校、创建实验农场、建立各种合作组织、推行医疗卫生保健、传授

---

① 《梁漱溟全集》第二卷，山东人民出版社2005年版，第161页。
② 同上。
③ 《晏阳初全集》第一卷，天津教育出版社2013年版，第221页。

农业基本知识、改良动植物品种、倡办手工业和其他副业、建立和开展农民戏剧、演唱诗歌民谣等积极的活动，从整体上改变乡村面貌，从根本上重建民族精神。

可以说，"乡村建设运动"的出现，不仅是农村落后破败的现实促成的，也是知识界对农村重要性自觉体认的产物，两者的结合，导致了领域广阔、面貌多样、时间持久、影响深远的"乡村建设运动"。而在"乡村建设运动"的高峰时期，各地所开展的乡村建设事业历史有长有短，范围有大有小，工作有繁有易，动机不尽相同，都或多或少地受到了邹平实验区、定县实验区的影响。

20世纪前期中国的乡村建设，除了知识分子领导的"乡村建设运动"，还有1927－1945年南京国民政府推行的农村复兴运动，以及1927－1949年中国共产党领导的革命根据地的乡村建设。

"农村复兴"思潮源起于20世纪二三十年代，大体上与国民政府推动的国民经济建设运动和由社会力量推动的"乡村建设运动"同时并起。南京国民政府为巩固政权，复兴农村，采取了一系列措施：一是先后颁行保甲制度、新县制等一系列地方行政制度，力图将国家政权延伸至乡村社会；二是在经济方面，先后颁布了多部涉农法律，新设多处涉农机构，以拯救处于崩溃边缘的农村经济；三是修建多项大型水利工程等，以改善农业生产环境。1933年5月，国民政府建立隶属于行政院的农村复兴委员会，发动"农村复兴运动"。随着"乡村建设运动"的开展，赞扬、支持、鼓励铺天而来，到几个中心实验区参观学习的人群应接不暇，平教会甚至需要刊登广告限定接待参观的时间，南京国民政府对乡建实验也给予了相当程度的肯定。1932年第二次全国内政工作会议后，建立县政实验县取得了合法性，官方还直接出面建立了江宁、兰溪两个实验县，并把邹平实验区、定县实验区纳入县政实验县。

1925年，成立已经四年的中国共产党，认识到农村对于中国革命的重要性，努力把农民动员成一股新的革命力量，遂发布《告农民书》，开始组织农会，发起农民运动。中国共产党认为中国农村问题的核心是土地问题，乡村的衰败是旧的反动统治剥削和压迫的结果，只有打碎旧的反动统治，农民才能获得真正的解放；必须发动农民进行土地革命，实现"耕者有其田"，才能解放农村生产力。在地方乡绅和知识分子开展"乡村建设运动"的同时，中国共产党在中央苏区的江西、福建等农村革命根据地，开展了一系列政治、经济、文化等方面的乡村改造和建设运动。它以土地革命为核心，依靠占农村人口绝大多数的贫雇农，以组织合作社、恢复农业生产和发展经济为重要任务，以开办农民学校扫盲识字、开展群众性卫生运动、强健民众身体、改善公共卫生状况、提高妇女地位、改革陋俗文化和社会建设为保障。期间的尝试和举措满足了农民的根本需求，无论是在政治、经济上，还是社会地位上，贫苦农民都获得了翻身解放，因而得到了他们最坚决的支持、拥护和参与，为推进新中国农村建设积累了宝贵经验。与乡建派的乡村建设实践不同的是，中国共产党通过领导广大农民围绕土地所有制的革命性探索，走出了一条彻底改变乡村社会结构的乡村建设之路。中国共产党在农村进行的土地革命，也促使知识分子从不同方面反思中国乡村改良的不同道路。

"乡村建设运动"的理论和实践，说明在当时的现实条件下，改良主义在中国是根本行不通的。在当时国内外学界围绕乡村建设运动的理论和实践，既有高歌赞赏，也有尖锐批评。著名社会学家孙本文的评价，一般认为还算中肯：尽管有诸多不足，至少有两点"值得称述"，"第一，他们认定农村为我国社会的基本，欲从改进农村下手，以改进整个社会。此种立场，虽未必完全正确；但就我国目前状况言，农村人民占全国人口百分之七十五以上，农业为国民的主要职业；而农产不振，农村生活困苦，潜在表现足为整个社会进步的障碍。故改进农村，至少可为整个社会进步的张本。第二，他们确实在农村中不畏艰苦为农民谋福利。各地农村工作计划虽有优有劣，有完有缺，其效果虽有大有小；而工作人员确脚踏实地在改进农村的总目标下努力工作，其艰苦耐劳的精神，殊足令人起敬。"① 乡村建设学派的工作曾引起国际社会的重视，不少国家于二次世界大战后的乡村建设与社区重建中，注重借鉴中国乡村建设学派的一些具体做法。晏阳初1950年代以后应邀赴菲律宾、非洲及拉美国家介绍中国的乡村建设工作经验，并从事具体的指导工作。

总起来看，"乡村建设运动"在中国百年的乡村建设历史上具有承上启下、融汇中西的作用，它不仅继承自清末地方自治的政治逻辑，同时通过村治、乡治、乡村建设等诸多实践，为乡村振兴发展做了可贵的探索。同时，"乡村建设运动"是与当时的社会调查运动紧密联系在一起的，大批学贯中西的知识分子走出书斋、走出象牙塔，投身于对中国社会的认识和改造，对乡村建设进行认真而艰苦地研究，并从丰富的调查资料中提出了属于中国的"中国问题"，而不仅是解释由西方学者提出的"中国问题"或把西方的"问题"中国化，一些研究成果达到了那个时期所能达到的巅峰，甚至迄今难以超越。"乡村建设运动"有其独特的学术内涵与时代特征，是我们认识传统中国社会的一个窗口，也是我们今天在新的现实基础上发展中国社会科学不能忽视的学术遗产。

历史文献资料的收集、整理和利用是学术研究的基础，资料的突破往往能带来研究的创新和突破。20世纪前期的图书、期刊和报纸都有大量关于"乡村建设运动"的著作、介绍和研究，但目前还没有"乡村建设运动"的系统史料整理，目前已经出版的文献多为乡建人物、乡村教育、乡村合作等方面的"专题"，大量文献仍然散见于各种民国"老期刊"，尘封在各大图书馆的"特藏部"。本项目通过对"乡村建设运动"历史资料和研究资料的系统收集、整理和出版，力图再现那段久远的、但仍没有中断学术生命的历史。一方面为我国民国史、乡村建设史的研究提供第一手资料，推进对"乡村建设运动"的理论和实践的整体认识，催生出

---

① 孙本文：《现代中国社会问题》第三册，商务印书馆1944年版，第93—94页。

高水平的学术成果；另一方面，为当前我国各级政府在城乡一体化、新型城镇化、乡村教育的发展等提供参考和借鉴，为乡村振兴战略的实施做出应有的贡献。

由于大规模收集、挖掘、整理大型文献的经验不足，同时又受某些实际条件的限制，《20世纪"乡村建设运动"文库》会存在着各种问题和不足，我们期待着各界朋友们的批评指正。

是为序。

2018年11月30日于北京

编辑体例

一、《20世纪"乡村建设运动"文库》收录20世纪前期"乡村建设运动"的著作、论文、实验方案、研究报告等，以及迄今为止的相关研究成果。

二、收录文献以原刊或作者修订、校阅本为底本，参照其他刊本，以正其讹误。

三、收录文献有其不同的文字风格、语言习惯和时代特色，不按现行用法、写法和表现手法改动原文；原文专名如人名、地名、译名、术语等，尽量保持原貌，个别地方按通行的现代汉语和习惯稍作改动；作者笔误、排版错误等，则尽量予以订正。

四、收录文献，原文多为竖排繁体，均改为横排简体，以便阅读；原文无标点或断句处，视情况改为新式标点符号；原文因年代久远而字迹模糊或纸页残缺者，所缺文字用"□"表示，字数难以确定者，用（下缺）表示。

五、收录文献作为历史资料，基本保留了作品的原貌，个别文字做了技术处理。

编者说明

  1930年12月和1931年8月,江苏省立教育学院先后编印了傅葆琛的《乡村生活与乡村教育》《乡村平民教育的理论与实际》,由无锡中华印刷局印刷。作者分析了开展乡村平民教育的迫切性,倡导通过乡村平民教育改变乡村落后现状,推进乡村建设,促进国家繁荣富强,并制定了具体的实施方案,进行了一系列实践活动。本次编辑,将两书合为一卷,收入《20世纪"乡村建设运动"文库》。

乡村生活与乡村教育

傅葆琛 著

目　录

卷前语 …………………………………………………（ 1 ）
我国乡村教育家应有的认识 …………………………（ 1 ）
中国乡村小学课程概论 ………………………………（ 4 ）
我们怎样帮乡下人的忙 ………………………………（24）
乡村卫生问题之分析及促进乡村卫生方法之商榷 …（29）
乡村领袖人才训练计划的商榷 ………………………（34）
社会中心运动 …………………………………………（44）
我国乡村小学课程的几个缺点 ………………………（46）
我国乡村妇女生活的实况与女青年会的责任 ………（51）
为国立北京师范大学拟改进中国乡村教育计划书 …（66）
我国农村社会改造的途径及方法 ……………………（73）
美国最近乡村教育的调查及推断 ……………………（81）
设立乡村图书馆须知 …………………………………（87）
设立乡村公园的一个简便办法 ………………………（91）
附录　乡村生活及乡村教育参考书目 ………………（93）
　（甲）中文参考书目 ………………………………（93）
　（乙）英文参考书目 ………………………………（99）

卷前语

　　这本小册子里,有我近年来著的文章十三篇,近十万字,有的曾在几种刊物上发表过,如《教育杂志》,《中华教育界》,《医学周刊集》,《农业周报》,《教育与民众》,《女青年》以及天津的《庸报》等,有的系初稿,还没有问世。本来我写的关于乡村生活与乡村教育方面的短篇著作,尚不只此,但是有许多是完全属于乡村平民教育的,并在一起,有畸轻畸重的毛病。所以我把关于这一方面的文章约十几篇,另编成一本书,题名《乡村平民教育的理论与实际》,以保存它的特质。

　　乡村教育在中国还是一种比较幼稚的教育。欧美各国,自十八世纪末叶,产业革命后,即赓续举行大规模之乡村生活改进运动,其中如美国,如丹麦,都有很好的成绩,引起世界的观听。我国乡村生活的改造,与乡村教育的革新,不过是几年的呼声。努力的虽不乏人,但因政治不上轨道,教育经济破产,人才又极端缺乏,到现在乡村与城市相较,生活仍是苦乐不均,教育依然瞠乎其后。我国乡民占全国人口五分之四,乡民的教育不良,全国教育都要连带受很大的影响。我们一面当然要注意教育向上的直线,一面也要顾到它水平的横线。若是单造就几个高等人才,而大多数人民智识落伍,在二十世纪竞争生存的世界,恐怕不容易站在胜利的地步吧?

　　这本书可以说是乡村生活与乡村教育的一个小垃圾箱,也可以说是一个导火线,因为除本书包含的问题外,书末并附有与这些问题有关系的书报数百种。若是读者正需要此种参考的材料,本书就做一个介绍人。

十九年十一月,葆琛识于江苏省立教育学院

我国乡村教育家应有的认识

乡村教育，农村教育和农民教育，在欧美各国是有分别的。在我国可以说是一样。因为我国的乡村，十九都是农村，我国的乡民，十九都是农民。

乡村教育的问题，在欧美各国，与在中国，有同一的关系和地位。因为乡村社会与城市社会的不平衡的发展，在世界各国几乎是处处相同的。自德谟克拉西的潮流漫溢之后，为破除这等不平衡的现象起见，遂发生乡村生活改进和农民运动。欲求此种运动的贯彻，自不能不注意到教育的问题。

但是乡村教育在今日欧美各国，已不如在中国之重要。因为乡村生活改进，农民运动，在欧美都成了明日黄花；就是在东邻的日本，佃农运动，也是过去的陈迹。而在我国一切乡村社会革新的工作和建设，尚是草创的事业，所以新的乡村教育，还在那里挣扎。

有的人还在怀疑：乡村社会的革新问题是不是要靠教育来解决？赞成教育救国的人，当然信非教育不能解决乡村社会问题的了；反对教育救国的人，有主张从实业入手的，有主张从政治入手的。我们虽然不迷信教育万能，我们也不能信教育是万不能的。我们办教育的人，不能对教育没有一点信仰。

乡村教育与乡村社会的关系，可以从一个很基本的原则看出来。无论改进乡村社会的那一方面，无论何时何处，必须乡村人民自动自助。若是乡村的问题，乡村人民不能自决，处处都依赖别人来帮助，绝不是一个稳固而久远的办法。但是要乡村人民自己能解决他们的问题，必须有三个条件：

第一，他们必须有了解的能力；

第二，他们必须有赞同的志愿；

第三，他们必须有进取的精神。

这三个条件，都得借教育的力量，方能达到目的。教育的力量，对个人说，不外纵横两方面。纵的方面，是发展他的智慧，横的方面是扩大他的知能。有了相当的智慧和知能，自然便有了解的能力；不能了解，便不能有赞同的志愿；没有赞同的志愿，便不能生出进取的精神。

又有人以为中国乡村社会的衰败，完全是一个经济的问题。他们撇开教育不谈，只谈经济的组织。我们当然要承认我国乡村人民是最穷最苦的，但是我们要请问，他们的穷苦，是不是由于缺乏教育的缘故呢？"他们衣不暖，食不饱，哪里有心去读书？"这话是真的。但是要请问他们怎样才可以饱食暖衣呢？他们的衣食，是我们送给他们的，还是他们自己挣来的？若是他们不能靠我们，还是要靠他们自己去想法子，我们便不能不教导他们怎样去想法子，想什么法子。教育是不能与生活脱离关系的。"抱着书本子读"的教育，是已经成为过去的事实了。杜威说："教育就是生长"，教育也就是教人怎样去生活。经济虽是乡村社会的要素，教育乃是介绍经济方法与乡村人民的，而且是训练他们去实行这种方法的。

说到这里，我们研究乡村教育的人，必须认清教育固有的两种特点：

（一）教育是整个的，不是片面的；

（二）教育是活动的，不是板滞的。

教育的第一个特点，是它的整个性。教育如同一个圆球，面面都要顾到，若是有一面顾不到，便不算是完善的教育。所以我们提倡乡村教育，必须在精神，身体，知识，技能，各方面做一个整的计划。只能耕种的人，不过是出血汗卖气力的一个动物，或是消耗者的一个生产工作的奴隶；有科学的知识，有生产的技能，而精神不振，身体病弱，不能操作，有何贡献？更有何生趣？饱食暖衣，无饥寒之忧，而对于国家，社会，世界，人类，漠不关心，不闻不问，这种人不过是一个装饰器，一副活动机器而已。教育既是教人做人，做整个的人，必须对于人生的需要，通盘筹算，不能有遗漏缺欠的地方。

教育的第二个特点，是它的活动性，也可以说是适应性。这不但是指空间的，也是指时间的。教育在理论方面，固然要精深；在实施方面，最精深的教育，未必即是最优美的教育。教育是随时随地变动的。譬如水，流入圆坑里，就是圆的，流入方坑里，就是方的，它是到处适应它的环境和地位的。教育如同水，具有充分的活动性。若是把教育误认为固体的东西，便不能因时地而制宜了。这种误解的流毒，甚至将甲国所办的教育，也要在乙国照行，甲省所施的教育，也要在乙省仿用，自然要弄出削足纳履凿枘不入的笑话了。所以我们在中国提倡乡村教育，必须先考查中国乡村社会的情况和需要。再者，教育的活动性和适应地方及时代的要求，并不是要在它的质的方面，或是量的方面，有什么裁减或限制，乃是在它的实施方法上和进行步骤上，要分别出先后缓急来。教育的对象既是个人与社会，所以我们对于个人和社会，必须有精密的调查和深切的认识，方免有闭门造车及盲目瞎马的危险。

根据以上所说的两个教育的特点，我们可以立出以下的两个基本原则，作我国乡村教育的标准：

（一）乡村教育与城市教育都应具备人类和人生应有的教育的一切需要；

（二）乡村教育应供给我国今日乡村社会及乡村人民生活的特殊要求。

中国乡村小学课程概论

十数年前，在我国多不知所谓乡村教育，更无所谓乡村小学课程。一般教育家，只知有城市教育，而不知有乡村教育。或以为乡村小学应照城市小学办理，其课程，不必有若何区别也。

今日我国教育家的视线，均渐渐由城市移至乡村。"到田间去""为农民谋教育均等机会"的声浪，一天比一天高。我国的教育，忽呈一番新气象。或者我国教育将从此而改造，在教育史中，留一"瑞来上斯"Renaissance之纪念了。

我国的乡村小学课程，在各种乡村教育问题中，实居首要。课程为求达教育目的之工具，欲有良好的乡村小学教育，必须有最完善最适用的课程。我国教育家，曾注意于学制的改革，殚精竭虑，议论纷纭。但学制不过是教育制度系统的组织，课程乃实施教育制度系统所欲达到的目标的方案。没有方案，教育制度系统，终属虚设，而所欲达之目标，亦终难实现也。

在研究乡村小学课程之先，须彻底了解什么是"课程"。或云"课程"是各种选定的科目的大纲；或云"课程"是实施一个学校在一定的期限内所欲教授之科目之一种组织程序。此等说法，虽没有什么毛病，但未能将"课程"所包含的真义完全说出。我觉得"'课程'是使受教者在学校里在一个规定的期限内得着各种应得的知识和训练的一个精密的计划"。所以乡村小学课程，即是使乡村儿童，在乡村小学里，在规定的年限内，得着各种应得的知识和训练的一个精密的计划。

编制乡村小学课程，不可抱有若何成见，应依据乡村儿童的心绪，理想，经验，习惯，及其生活环境，与其所处之社会的情况。

今日之编制小学课程者，当选定科目时，不失于简，即失于繁。太简则儿童所受的知能不足将来的应用，空费许多时间。太繁则不需用之教材亦拉杂加入，漫无抉择，儿童脑力不能尽量吸收。即能勉强吸收，亦不能致诸实用。故课程必须不繁不简，适合儿童的心理，本能，和身体之发育，方能收伟大的效率，而达教育所欲达之目的也。

儿童所受之教育，可别之为二种：（一）学校内的教育，（二）学校外的教育。学校外的教育，是散涣的，没有目的的，没有组织的。学校内的教育则不然，有一定的组织，一定的目的。所以学校内的教育，是依据社会的情状，适应社会的需要，补助校外教育之不逮，且有以矫正之也。

小学课程既是求达小学教育目的的方案，故编制小学课程，应先知小学教育目的之所在，及其所应注重之点。而小学教育之目的，则必依据社会之情状而审定。故编制乡村小学课程者，必先研究乡村社会之情状，及乡村儿童之生活，习惯，体质，性情，谂知其优点及劣点，而谋所以促进及补救之方。课程之内容和组织，均须视此而规定焉。

今试将乡村社会与乡村人民之生活，与城市社会及城市人民之生活，作一精密之比较。凡乡村社会及人民之所长者，以〇符号记之；其所短者，则以×符号记之；其在两可之间者，则双记之。

Ⅰ．环境上之区别

城市	乡村
1. 人烟稠密	〇×人烟稀少
2. 住屋接近	〇住屋疏散
3. 风景是人为的	〇风景是天然的

续表

城市	乡村
4. 交通便利	×交通阻滞
5. 空气污浊	○空气清鲜
6. 人类复杂	○人类简单
7. 自然界材料少	○自然界材料多
8. 水旱灾害影响小	×水旱灾害影响大
9. 贼匪不易扰乱	×贼匪易扰乱

Ⅱ．人事上之区别

城市	乡村
1. 文化进步速	×文化进步迟
2. 生活程度高	○×生活程度低
3. 公共机关多	×公共机关少
4. 工商业为主体	农业为主体
5. 教育发达	×教育不发达
6. 卫生设备多	×卫生设备少
7. 娱乐组织多	×娱乐组织少
8. 制造熟货多	出产原料多
9. 消耗多生产少	○生产多消耗少
10. 风气开通	×风气闭塞
11. 社会恶劣	○社会良善
12. 饮食品类多烹调讲求	×饮食品类少烹调不讲求

Ⅲ．个人之区别

（甲）身体上之区别

城市	乡村
1. 体魄孱弱	○体魄健壮

续表

城市	乡村
2. 筋肉细嫩	○筋肉粗大
3. 不堪任劳役	○能吃苦耐劳
4. 易为疾病所侵	○富于抵抗疾病寒暑能力
5. 动作灵敏	×动作迟缓
6. 腕力不强	○腕力强大
7. 眼疾腹疾较少	×眼疾腹疾较多

（乙）知能上之区别

城市	乡村
1. 富于工商业的经验	富于农业的经验
2. 缺乏自然界的知识	○富于自然界的知识
3. 悟力强	×悟力薄弱
4. 观察力强	×观察力迟钝
5. 富于推理活用之力	×缺乏推理活用之力
6. 思想复杂	○×思想简单
7. 言语敏捷清楚	×言语迟缓不清
8. 富于组织经济机关娱乐机关之能力	×缺乏组织经济机关娱乐机关之能力
9. 富于应用物质文明之能力	×缺乏应用物质文明之能力
10. 长于技能方面（如图画手工等）	×拙于技能方面
11. 家乡观念薄弱	○×家乡观念浓厚
12. 富于普通常识	×缺乏普通常识

（丙）行为上之区别

城市	乡村
1. 欺诈虚伪	○诚实真挚

续表

城市	乡村
2. 奢侈华丽	○节俭朴素
3. 怯懦胆小	○勇敢胆大
4. 急躁	○忍耐
5. 激烈好斗	○和平不争
6. 懒惰	○勤劳
7. 骄傲	○谦抑
8. 不喜服从	○×富服从心
9. 进取力强	×进取力薄
10. 自负自信	×自轻自弃
11. 文雅有礼貌	×粗野少礼貌
12. 衣服整洁	×衣服粗陋不洁
13. 讲求卫生	×不知保卫身体
14. 判别是非之力强	×判别是非之力弱
15. 富于团体精神	×缺乏团体精神
16. 善于社交	×不善社交
17. 志愿高大	×志愿低微
18. 识见远大	×识见狭小

我们既然知道乡村环境生活，和乡村人民的习惯性情的大概，与其优点劣点，在我们编制乡村小学课程时，我们便应该注意下列的几点：

1. 如何能利用乡村特殊的环境，选取有用的教材。

2. 如何在课程的各科目中，如农业，园艺，手工等，供给农业上需要的知识和技能，使农家经济充实，农民生活进步。

3. 如何在课程的各科目中，如自然研究，地理，理化，音乐等，使乡村儿童能欣赏天然的美景和自然的环境。

4. 如何在课程的各科目中，如音乐、体育，美术，工艺，自然研究等，使乡村儿童能利用他们的闲暇时间，作正当的娱乐。

5. 如何在课程的各科目中，如历史，地理，修身，公民等，选集相当的教材，尽量保存乡村固有的文化和美德，及预防乡村未有的靡风和陋习。

乡村小学课程之编制，一方面固然应该依据乡村社会的情状和需要，一方面还须顾到乡村儿童的能力和需要。课程虽是为达到社会的目的而设，但直接领受课程的人乃是儿童，所以编制课程时，万不可不顾虑到儿童方面。儿童乃是教育的对象，课程的功用，就是要使儿童得到圆满的生活。

完全讲课程"社会化"的人，只去为社会谋革新，谋进步，忘记了儿童个人的权利和幸福。最显著的，就是现时一般重视农业的人，看见农业之日渐衰败，又见乡村儿童多为城市繁华快乐生活的引诱，离去田间，于是提倡在乡村小学课程中，提前授予儿童农业的知识，甚至删废美术，体育一类的科目，增加农艺的钟点，更在公民，自然研究等科目中，鼓吹乡村生活如何比城市好，为使乡村儿童都愿居乡间，不往城市，并以农业为其终身之职业，不作他事。此等见解，与平民主义的教育大相矛盾，完全蔑视乡村儿童自由发展的机会，使他们生于田间，长于田间，老死于田间，终身为乡村环境所束缚，作城市人民生产衣食住原料的奴隶[①]。所以编制乡村小学课程的人，万不可太注重农业，限制乡村儿童的自由。乡村儿童固然有作农夫的资格，但教育家不应设计诱其以农业为其职业。小学课程，应给予儿童以各种知能，并在相当时期内，为职业上的指导。如乡村儿童有性情、兴趣，趋向于工商业者，应听其自然，不可防止改变之也。

从城市一方面说，城市的儿童，也不是都愿学工商的，其中愿学农，喜欢到乡村去的也不少，所以编制城市小学课程的人，也应该给城市儿童获得农业知识的机会。若是一部分城市的儿童，欣赏

[①] 参看 Brim: Rural Education, Chapter I。

乡村的环境和生活，性情近于学农，他们领受了农业上必需的知识，自然便去作农夫。就是一部分乡村儿童，不愿久居田间，也有这些城市儿童来补充他们的地位，农业绝不至有颓败之虞。总之，小学课程应给予儿童以各种基本知能，并使其有自由选择职业之机会，按时予以相当的指导和援助，万不可因社会上的经济情状，在课程中有畸轻畸重之组织，防害个人择业之自由也。

社会与儿童，为审定小学课程目标的两个大元素。编制乡村小学课程者，应以乡村儿童之生活为主体，以乡村社会生活之现象为背景。当决定课程的内容，选择教材时，最好依据乡村儿童在社会上之各种活动。杜威说："我们可以说，除却依据社会上各种活动，便无从决定课程的内容。"①。但是人类在社会上的活动千头万绪，到底怎样着手？

美国研究课程专家，如斑赛尔氏 Bonser、巴必氏 Bobbitt 均用归纳法归纳人类活动为几大部分。斑氏列之为四②，巴氏则列之为五③。

斑氏的分法如下：

（甲）健康活动

（乙）公民活动

（丙）职业活动

（丁）休闲活动

巴氏在斑氏所列四项活动之外，又加语言活动一项。在巴氏以语言为人类生活最需要之事，在斑氏或以为语言乃求达其他活动之工具，自身无存在之必要也。

无论城市或乡村儿童，其在社会上的活动，均不出此数大部分。编制小学课程者，应更就此数大类活动而分析之，于各类中，

---

① 参看 Dewey: Democracy and Education。
② 参看 Bonser: The Elementary School Curriculum。
③ 参看 Bobbitt: How to Make a Curriculum。

求其何项知识,何项技能,何项习惯,何项态度,何项欣赏,何项思想与精神,综合种种,定为目标。在乡村一方面,则更须调查乡村社会生活之情形,审定此普通之目标,按其价值之轻重而排列之,以适应乡村社会之需要,及乡村儿童承受之能力。此最后之目标,即为选择教材之标准。教材选定之后,更就其性质之所近,与施行之先后,而归纳之于各科目中,则课程之大体完备矣。

依上述斑氏之四项活动,则个人所需之教育为:1. 体育(包含卫生教育);2. 公民教育(包含家庭教育,道德教育);3. 职业教育(包含生计教育,实业教育);4. 休闲教育(包含娱乐教育,美术教育)。若加入巴氏的语言活动,则此四种教育外,更可有 5. 文学教育。

求达此五种教育之科目,多少不一。若就小学课程中现有的各项科目归纳之,更就社会生活的客观的原素分析之,可列为五大类:

1. 自然学科
2. 社会学科
3. 文学学科
4. 公民学科
5. 艺术学科

普通一般课程,多为习惯上的课程,而非科学式的课程。习惯上的课程,大都互相抄袭,以科目为主体,去训练学生。编制此项课程者,以为由某科目便可得某种教材,而达教育上之某种目的。此等方法为演绎法。

科学式的课程则不然,以学生必需要之经验为主体,以社会生活的现象为背景,其采用之教材,随客观的经验目标为转移。此种方法,为演绎与归纳两法并用。

总之,此两种方法之分别,一则以某科目可予学生某种经验,一则以学生必需之某种经验,可用某科目得之。

学生必需之经验为何?即国民参加社会普通活动所必需之知

识，技能，观念，欣赏，精神，态度和习惯。我国教育的大目的，为"养成健全的人格发展共和的精神"①。故小学之目的，在发达儿童之身体，充分发展其个性，授以国民教育之基础，及生活上必需的知识及技能。小学课程，即须本此目的而行。课程譬如船，目的乃行船之罗盘针也。故编制课程者，必先知目的何在，否则如漂流之船，茫然不知所之矣。

乡村小学教育与城市小学教育，在目的上，应无分别。不同之处，在课程之编制，科目之组织，教材之选择，和教授的方法而已。今将编制乡村小学课程的步骤，分述如下：

一、用巴氏的归纳法，将乡村儿童之活动归纳于五项大活动中。

二、调查乡村社会情状，分析乡村儿童通性，由此可得其强弱之点，优劣之处。再于各项活动中，决定何项习惯应养成，何项技能应训练，何项观念应改正，何项精神或主义应抱有，何项知识为乡村儿童所不可少，综合种种，定为具体的目标。此种目标，即为选择教材和运用方法之标准。

三、依照各条之轻重，排列先后。对于乡村儿童有重大价值者，排列于前。

四、目标既经选定，又按其比较之价值而排列之，于是进而求达各种目标之教材。

五、汇集所有的教材，按其性质，分纳于各科目中。譬如关于公民生活目标的教材，可纳于历史，地理，修身等科目。有的教材亦可纳于自然研究，卫生，体育等科目中。

六、科目既定，更从而审定教材的价值，其有不足以达所定之目标者，应淘汰之，或应有而未有者，应如何采用之。

七、测验乡村儿童智能将科目及应有的教材分配于各学年中。

---

① 此文系民国十五年所撰，故仍沿用旧有全国教育目的。此目的系民国八年蒋梦麟、沈恩孚等所提议。

八、课程实施之后，须根据所得之成绩，时时修正。

吾尝谓编制课程如造屋。编制乡村小学课程，如为乡村儿童造居住之屋。凡建筑此屋之材料，必须一一搜集，而搜集之标准，则须视此屋之用途，只为居住乎，或作游艺室乎，或作图书室乎，或作理化室乎，或作标本室乎，或作手工室乎，或作其他用途，故须将所得之材料，按其需要之多寡，而分配之。其有一种材料，而可为两种用途者，则应分用之，或察其何者为急需，而尽先用之。居室即课程，造屋之目的即课程之目的，用途即各项活动之具体目标，而材料则教材也。

关于选择小学课程教材之原则，中外教育家，所见互有出入，而本体则相同。今将美国教育家斑赛尔氏规定之选择小学教材原则十八条撮要录之，以为我们编制乡村小学课程的参考[①]。

一、采取人类的经验以为教材；其价值视能否正当的感化行为为标准。

二、所谓行为即个人在社会一切之活动。教育的责任，即在改造此种行为之各方面，使知，情，意三者对于人类的生活各有贡献。

三、人类经验所具变化行为之能力，大小各异；故教育上当采择其比较最有价值者为教材。

四、行为亦可视为各方面经验之集合体，如康健，职业，公民常识，与闲暇之利用等等。故任何经验之教育价值，可视其裨益于上述各方面之多寡以为断。

五、教材之选择，组织，与应用，须于儿童的发展上产生效果，用以支配行为之知识，习惯，观念，与好尚。

六、在初等教育中，选择教材时之最须明辨者，莫如普通二字。小学校之教材，应具有普通价值之经验，适用于平民社会中之具足的完善的生活，他如男女的，专业的，社会的特殊情形，概勿

---

① 参看 Bonser: The Elementary School Curriculum。

列人。

七、儿童之智慧不等，故教材内容须能伸缩，以期适应各不相同之需要。

八、教材之组织，须含有下列三点：

1. 暗示的动机　从儿童所曾参与的生活中之活动与兴趣，发生疑点，并引起设计。

2. 提示的教材　此种教材，得自前人的经验，而为实行其计划之最好方法。

3. 要点之总括　与此计划相关之法则，技能，理想，观念，与好尚等，宜有择要的组织。此种组织亦可为教育参考之标准。

九、凡一切语法，读法，图画，手工，修身，博物，史地等科目之法则，历程，原理，事实，或各种技能，均须针对特殊的环境，或适应特殊之需要。

十、兴趣过长，心的发达亦有妨碍；故凡一切机械的练习，如数数，发音，语式，拼法，口读，书法，图画，手工等，其兴趣不宜逸出正当目的之外，为盲目的增长。

十一、凡计划，教材，及由此而得之技能，原则，理想或观念等，均须与儿童之兴趣及能力为同等之进行。任何动作，均不使儿童勉强而行，以致杀减其兴趣。反言之，任何动作概当激刺儿童，使以最高度之能力反应，以速其可能的发展。

十二、欣赏一原则，颇为重要。凡计划，教材，与儿童之经验兴趣远隔者，宜从儿童现在的经验兴趣出发，逐渐引导至较远之目的。

十三、因任何问题均须从现在的经验出发，故首行设计时，虽相同之教材，也必视当地之情状而不徒苟且凑合，从所居社会之现在活动与兴趣中，以谋产生动机，实为各个教师唯一之责任。

十四、儿童之学习，不能无引导者，由是教师之责任以生。其激起儿童悉心计划，不但满足其现时之需要，并当引导之使志在社会生活中之较高较大的价值。

十五、使用教材须刻刻在试验中，刻刻在改造中，故教材当刻刻为一校或数校之新鲜的出产品。教者当寻出教材之不适当处，而自行改正之。即校长与视学人员，亦当指导教员，激起其检阅之机，扶助其改正之法。

十六、抉择各级应达之目标，须求助于儿童心理，心理测验，及教育测验等，从此三者，可知儿童能力发展之详情。其最要之一点，即班级与课业阶段，须能活动而不致呆滞。

十七、教材之重行组织，须以渐；须为继续的，不可骤，亦不可全体改组。根据设计，以改造组织，实为理想之目的；至所以达此理想目的，则须继续考虑，审慎将事。

十八、在平民教育的理想上，教育之支配与组织，须于进程中有活动之余地。各部分间之关系，教者得因时制宜，以适合各个人不同之需要，务使教材有平民教育的色彩。

选择普通小学教材的原则，如斑氏所定，颇为精密，但于乡村小学课程，尚缺特别的研究。今试将小学课程中所有之各种科目分类列出；更从而讨论每种科目在乡村小学课程中比较的价值，以作编制乡村小学课程者之参考。

在小学课程中已发现之科目，无论新旧中外，为讨论研究计，就已知者，汇录于下：

国文　国语　语法　读法　书法　文法　缀法　数学（算术）　笔算　珠算　簿记　几何　社会　历史　地理　修身　公民　体育　体操　运动　卫生　自然研究　理化　博物　工艺（手工）　美术　图画　家事　园艺　缝纫　烹饪　乐歌（音乐　唱歌）　农业　商业　工业　外国语

上列各科目，有性质相同，而名称不同者；有范围广大，可包含数科者；有目的教材可完全为他科所吸收，因而归并者。如国语、国文，今统称之曰国语文学，包括语法，读法，书法，文法，缀法等科目；数学或称算术，包括笔算，珠算，几何，簿记等科目；社会一科，或以之替代历史，有时包括地理；修身，现有归并之于公民一科中者；体育，应包括卫生，体操，运动等科；理化，博物，二科，现多已归并之于自然研究一科中；工艺，为手工之新名词；美术，即昔日之图画；家事，应包括缝纫与烹饪；乐歌，包含音乐唱歌，园艺一部分本属于农业，一部分可包括于自然研究中，但现时多以之为独立科；农业，商业，工业，均独立而属于选修科中；外国语之存在与否及应教何国语言，均须依据地方社会之需要而定。兹再依据各科目之性质，归纳之为五大类。基本属于一类而与他类亦有关系者，则以括弧表明之。

（一）语言科目类

语法　读法　书法　作法（缀法）　儿童文学　外国语

（二）社会科目类

公民　修身　历史　地理　（自然研究）

（三）实业科目类

算术（包含笔算，珠算，簿记，几何）　手工　园艺　家事（包含缝纫，烹饪，家庭管理）　农业　商业　工业　图画　（自然研究）

（四）健康科目类

卫生　体操　运动　游戏（乐歌）（手工）（园艺）（家事）（自然研究）

（五）艺术科目类

图画　乐歌（唱歌）（手工）（园艺）（家事）（自然研究）

普通小学课程中之科目，既如上述，然则所有科目将列入乡村小学课程中乎？曰不必，其中有必修科，有选修科。但各科目中，何者应为必修？何者属于选修？又如何而审定乎？曰，须依据各地方之需要，科目本身之价值及贡献，以至学校之经济设备教师之训练和能力，斟酌取舍。至于被选各科所占时间之分量，与地位之先后，更不须拘定，亦应依据上述各则，临时安排分配。几于每一乡村小学，各有其特别之课程组织，以适应其特别情形及需要。此乡村小学课程之所以应当有弹性，可任各地自由活动也。

各科目所给时间之多寡，与所占地位之先后，在各处乡村小学课程中，虽不能尽同，但各科在乡村小学课程中之贡献，及应注重之点，则不必因地方情形而变更，因普通乡村社会生活之情状和需要，大略相同也。

今将各科目在乡村小学课程中之贡献，及教师应注重之点，概述之如下：

一、国语文学

此科包含语法，读法，书法（习字），文法，缀法等，为儿童基本知识之一，必不可少者，故应属必修科。若按新学制六年小学，前期四年，应专用语体文；后期二年，则语文并用。在乡村小学课程中，教师应注意训练乡村儿童默读之习惯，以为他日博览书报速力之准备。在后期二年内，应选择儿童文学，以自然环境之山林，田野，花木，河水为题目及资料，培养儿童阅读之兴趣。并应注意乡村应用文件，及农业上需用之各项记载，以求实用。在语法一部分，应注重儿童之发音及练习说话，因乡村儿童，口齿多不灵便，语言多不清楚，亟应矫正之也。

二、算术

珠算为中国商业上必需之知识，无论在城市小学或在乡村小学中，似乎比笔算尤为紧要。笔算则应注重基本历程及实际应用，加减乘除四则，及普通分数，因数，而外，须添简单之记数，度量之原则，及测量平地之几何。至于岁入岁出之计算，简易簿记，收纳租税，人寿财产之保险，地方公债，粮食收获等，均关农民实际应用，不可不教之也。

三、历史（或称社会）

教材当取与个人生活之有关系者，如名人言行事略，原始人故事，生活进化史，事物发明史，以至近代工商业之如何发展，科学之如何发达及如何战胜天然，文学美术之如何改造，其大概，乡村儿童均应知之。即世界历史，在小学后期，亦应加入一二，以养成乡村儿童之世界观。至于本地农村之历史沿革及风俗，纪念，节日等，尤为必不可少之材料。

四、地理

此科亦为乡村小学课程中重要科目之一，因其与农业经济有密切之关系也。教时应从本乡环境起首。最好由学校四周之山水，引导儿童研究土壤，水利，道路，农业等，俾乡村儿童知衣食住各种原料之来源，及民族生活之状况。至于本乡之工商业及风景名胜，亦应选入。

五、公民

此科一方面应与他科联络，一方面应注重课外作业。如关于修理监督地方道路等事，属于地理上的材料；计算租税及征纳手续等，属于算术上的材料；请求水利，调查灌溉区域等事，属于农业上的材料；防备瘟疫，保持地方清洁等事，属于卫生上的材料；栽植树木花草，为大众游乐等事，属于园艺上的材料；保护益鸟，驱除害虫等，属于自然研究的材料。此外应使儿童于课外多实行自治团体公益之事，如创设学校园，设模范村，皆可练习儿童服务的能力，亦以养成公民之责任也。

六、卫生

在乡村小学课程中，卫生一科应注重如何生活，不应授予儿童以生理上的科学知识，如身体之构造，血液之循环，消化器之组织，骨节之名称及数目等，此类知识徒费儿童之脑力，于实际生活毫无补助。在乡村小学应特别注重饮食和居住的卫生；对于乡村儿童易犯之病症，如痘，疹，鼻，喉，肺等病之原因及治疗法，俱应特别注意。临时救急手术，与看护病人之普通常识，亦应略备。

七、自然研究

自然研究一科在乡村小学课程中最有价值，因其与各科都有亲密的联络，而需用之教材，亦多从乡村之自然环境得来，儿童更觉亲切有味，易于领会欣赏，今将此科之价值及与各科联络之处，略述于下：

（1）经济上的价值

由观察害虫益鸟，田中杂草，菜蔬病菌，水涝旱灾等现象，儿童便易了解所以保护益鸟，防除害虫，种植树木等之功用，此等事均于农业经济有密切之关系。

（2）文学上的价值

各种天然现象均可作儿童文学中最有兴趣之资料。

（3）卫生上的价值

由考查水源，研究空气，以及食物之种类，衣服之质料等，均与饮食居处，个人及公共卫生有关系。

（4）道德上的价值

见蚂蚁之搬运及战斗，而引起勤劳勇敢之精神；见蜂之酿蜜，蚕之吐丝，而与人不学不如物之感；见"矢壳郎"之推挽，而知分工合作之必要；见花木虫鸟之如何生长，而悟物力之艰难，因而爱护之，保惜之。种种由观察而得之经验，均可利用之以养成高尚的人格。

（5）审美上的价值

草之色，鸟之歌，山川之景色，风云之变化，均能培养乡村儿童之审美情感。

（6）科学上的价值

奈端见苹果之下落，而悟会地心吸力之理。瓦特见沸水之上升，而发明汽机之构造。科学原理之由自然现象得来者，不胜枚举，至如解释河水之暴涨，雷电之成因等等，尤可破除乡村人民之迷信，不可不注意之也。

八、园艺与农业

在乡村小学课程中，园艺可与农业合并。前期授园艺，后期授农业。前期注重栽植花木，保护益鸟，芟除杂草等事；后期应研究主要粮食之收获，家禽之饲畜，动植物之选择配种，肥料之成分制造及种类等。更须就本地特别情形，补充其他需用的教材。

九、手工（工艺）

此科之目的不应求精巧，应求实用。关于制造家庭日用器具，修补农田用具，以及打绳结，编草席，修葺房屋等，均应因地制宜，授予乡村儿童以实用的知识和技能。

十、家事

乡村人民对于饮食之多寡，种类，烹调等，最不讲求，故营养料不足，又常患不消化及腹疾。教材中对此等事应特别注重。至于衣服制造之不合法，寒暖质料之厚薄不宜，居屋用品之零乱无序等，均属乡村人民之通病，尤须注意。还有一层，即菜蔬，果品之存储收藏，其方法手续，务须研究，因留有余以待不足，于荒旱时，可备不虞也。

十一、音乐

音乐的目的应在陶冶性情，涵养道德，不应注重歌唱之音符。对于农歌及乡村儿童歌谣，亦应采集。

十二、图画

应养成乡村儿童欣赏天然真美的习惯，故宜先研究自然画随意画，教室的画册标本及名家的作品，应留待后期。

十三、体操、运动、游戏

乡村儿童身体姿势不正，应设法矫正之，运动不可徒重竞争，应激发尚武合作的精神。游戏最好多选乡村儿童的游戏而改良之。与体育有关系之科目为手工，园艺，卫生，音乐。各科教材之如何联络，亦不可不注意也。

十四、外国语

此科在乡村小学课程中，无关紧要。对于一般预备升学的学生可设英语一门，但亦须视教员之能否担任教授而定。

求达乡村小学教育之各项目的，固在编制完美的课程，而课外作业，尤不可不重视，因课堂中所授受者，多半属于知识的，理论的，关于习惯，技能，精神，态度，尤须在课外各种活动中训练之，养成之。欧美乡村小学，于课外多鼓励学生组织各种团体集会。如朝会，周会，讲演会，辩论会，音乐会，文学会，学校新闻社，出版部，运动会，戏剧团，自治会，社会服务团，童子军，救急团，看护团，成绩展览会等。更有以学校为模范市或模范村，分区自治，务求学校生活之社会化。又有实行课程推广法者，学校特与农家或商店订立合约，使学生前往实地工作。此种办法之利益如下：

一、学生有机会实习其在学校所得之知识。

二、学生入工厂，田间，或商店之后，受环境之压迫更知求学之必要。

三、学生在此种环境中，最易发生责任心，在学校中，虽有手工，园艺等工作，但学生多抱试验或学习的态度，故有时草率从事。及入真正环境为正当作业，则不得不变更态度，而具有成败之观念，故认真从事工作矣。

四、有许多乡村儿童，多因家计艰难，中途辍学者。课程推广，可使儿童稍得工资，补助家庭经济，且可增长其职业上之技能与经验，为他日谋生之准备。但此等课程推广计划，不宜行之过早，有碍身心之发育，最好在小学后期二三年内行之，其时儿童在学校所得的知识，已颇丰富，正需实习，以补其缺。

我国旧学制的小学课程，固不适用。即新学制所定之小学课程纲要，亦未见于乡村儿童有何特别之贡献。总之，小学课程的编制，决不能靠几位教育家，开几次会，经几次讨论，便算完成的。新学制小学课程草案最大的缺点，就是将造就国民资格的公民，地理，历史，工艺等科目放在小学后期，如前期的学生无力升级半途辍学者，则终身无受此等科目之教育矣。故我国今日之小学课程改革问题，要当按照教育目标，重新支配各科目。所有习惯的课程，无论新旧，可不必顾虑。

新学制产出的小学课程草案　只顾理论的动听，没有想到中国的乡村。还有人替他敷衍说："新学制小学课程的支配，本来留有余地，给乡村小学斟酌办理的，所以无论城市或乡村，大规模或单级学校都可适用的，但是有人嫌得如此太笼统，要使乡村小学无从下手，因而要提议另编一个的，那是错了。另编一个，一方面就是误解新学制课程简表的精神，一方面仍旧要想用另外的一个来专利一切。要知道用一个课程简表来专利一切，是从前已经失败的了；无论编得如何，决不能适合各地方的。"①

这样说，全国都可奉新学制小学课程为圭臬，无论城市或乡村，无处不可适用的了。据鄙见，小学课程的草案，可以不要，简表也可以不要，只要把编制小学课程的原则，研究得十分精细，审定求达的目标，规划选择教材的方法，就够了。至于科目的位置，时间的分配，务须使各地方斟酌特殊情形和需要去定，最好不必建议什么草案和简表，反使课程徒具形式，犯全国一律之嫌，不能十分伸缩自由了。再说，乡村小学教育，是我国大多数儿童的教育，更不能不格外审慎从事，若是新学制小学课程果是依据乡村社会生活情形和需要而产生的，或者拿来作乡村小学课程的标准，还可以说得下去。

现时中国乡村小学课程之不适用，与必须改造已为一般教育家所公认。今特拟定编制中国乡村小学课程原则十条，愿与研究乡村教育者一商榷之。②

（1）编制中国乡村小学课程的人，应该明晓乡村的情状、贡献与需要，并应认识所在地的儿童的经验和活动，以作课程编制的根据。那末，才能引起儿童在教育上的兴趣，和发展其个性。

（2）编制中国乡村小学课程的人，应该了解小学的真正目的是在造就社会健全分子的基础，和给予儿童以尽量继续发展其本能的机会。乡村儿童也有获得基本技能的机会，和领受社会的遗传的权能，所以在编制课程之先，当厘定基本教育的目标，和规划各科

---

① 参看《教育杂志》十四卷号外学制课程研究号。
② 参看拙著《中国乡村小学课程之改造》（英文）第二编第六章。（见《中国社会政治科学季刊》第九卷第三号）

各级的小目标。凡此种种，皆应明示教师，使向有合此目的之学业，习惯，态度和技能的方向进行。

（3）编制中国乡村小学课程的人，应该探悉乡村儿童生活上的优点和缺点。编制课程时，当谋所以增其优而补其缺。最要是以其校外的经验和生活的环境，为参考的标准。

（4）编制中国乡村小学课程的人，应该竭力谋增进乡村与城市的关系，并使其互相了解，与互相尊敬；彼此欣赏其问题，而明白其需要。故课程以外，应常有城市人和乡村的亲密结合之机会。

（5）编制中国乡村小学课程的人，当选择乡村小学的课程的内容时，宜求有最大之社会的价值，与合乎乡村儿童的兴趣，和可以为个性发展之向导者。

（6）编制中国乡村小学课程的人，组织乡村小学课程的材料，目的在易于收教育上的效率。故课程应富有弹性，可以伸缩自由，然后教师乃得有余地以利用地方的所长，指出切要的问题，以编制新的课程，而为儿童创造教育的经验。

（7）编制中国乡村小学课程的人，应该于乡村小学课程中，多与以暗示性，以助教师解决其教室内的实际问题，而促其尽量采用各种有效力的方法。

（8）编制中国乡村小学课程的人，须知中国乡村小学组织的特别困难问题，而对于循环组织，混合组织，和分组代班之种种组织，亦须多所建议。至各科之相关可能度数，又应明白指出也。

（9）编制中国乡村小学课程的人，预备乡村小学课程时，不仅应注意教学法一方面，且应顾及时间之分配，与学校之组织和管理。

（10）编制中国乡村小学课程的人，当明了课程编制必要的步骤，和编制课程的人才，职分，和责任心。此外对于本课程之随时改善，亦应有相当之准备。

我们怎样帮乡下人的忙

为什么我们要到乡间去呢？因为我们要去帮助乡下人。为什么乡下人要我们去帮助呢？因为他们的知识，境遇，生活，都不如城市的人。我们中国的乡下人比城市人多，城市人不过占全国人数十分之二三，乡下人要占十分之七八，所以乡下人是全国大多数的人民。现在大多数的国民，处处赶不上少数的国民，这是一个不平等的现象。这种不平等的现象，竟然发见在一个二十世纪的共和国家，不但可怪，而且可耻；不但可耻，而且可怕。民族的生存，民权的膨张，民生的改进，都是要靠全体国民，才能实现，若是大多数的国民，没有教育，不能自助，不能自治，不能自立，没有生活的乐趣，没有生产的能力，只靠少数人去奋斗，去撑持；这样的国家，怎样有治理的希望呢？还说什么靖内乱，御外侮，博国际光荣，与列强争胜，岂不是"痴人说梦"吗？所以我国的乡村人民，若是再不奋起直追，与城市的人民，携手进行，必将永远落在城市人民之后。我们的国家，也永远没有富强兴盛的日子。

要知道我们中国乡下人之所以到了这步田地，不能完全归咎他们自己。他们住在穷乡僻壤的地方，交通不方便，消息又不灵通。孤寂的环境，造成了他们顽固守旧的习惯。而一般提倡教育，振兴实业，改良生活的人们，偏又注重都市，漠视乡村；所以和都市进化相形之下，乡村就显得退化。要挽救这种畸形的发展，一切建设的工作，必须以乡村为前提。一般爱国的人士，也必须下决心"到乡间去"帮助乡下人。

现今鼓吹"到乡间去"的人，虽然渐渐的多了，但是实行"下野"的，仍然寥寥无几，唱高调，出风头，谁都能做；躬行实践，就不容易了。至于那些抱着牺牲奋斗精神的热血青年，虽则实行"到乡间去"的志愿。可惜他们的工作，没有很好的成绩，也没有达到他们帮助乡下人改造乡村社会的目的。他们的失败，有三个大原因：（一）不能坚持到底，（二）不谙乡村人民的心理，（三）没有充分的准备。

先说他们何以不能坚持到底。许多人生长在城市，从来没有到乡村去过；或者偶然去过，也没有经过长时间的工作。他们在城市，平日过的是繁华热闹的生活，吃的是珍馐美味。住的是高楼大厦，娱乐游戏，种种便利，出门就有代步的车马，不必奔波劳苦。一旦到了乡间，一种荒僻枯寂的情形，已是不惯。又加上粗茶淡饭，吃的东西不外窝窝头，小米粥。豆腐小菜都不常见，鸡鸭鱼肉，更是难得。再说，乡村里也没有高楼大厦。土炕茅屋，就是普通下榻之所。鸡鸣狗吠，就是日常悦耳的音乐。牛溲马勃，更是触鼻触目之物。出门没有车马，惟有步行。足力不健的人，自然要叹"行路难"了。初次下乡的青年，多半不惯这样的生活。我有几个朋友，就是这类"有心无力"的人。他们每次下乡之后，总要休息好几天，才能把精神恢复过来。甚至有卧床不起的。他们这样不能耐劳吃苦，怎样能到乡间去做事？哪里还禁得事不顺心，计划尚未实行，各种难题已如春笋之多。意志薄弱的人，自然要灰心失意，乘兴而来，败兴而返了。

有许多到乡村去工作的人，因为不谙乡村人民的心理，遂致惨遭失败。他们最大的缺点，就是过于自信，把事情看得太容易了。他们把乡村的人，看做下流社会的苦人，把他们自己看做上流社会的领袖，抱着一个教训别人改革别人的态度，总以先生师长自居。他们摆着这个架子，扳着这副面孔，无怪到了乡下，不但不能受人欢迎，而且要遭人反对。他们不知道乡村的人最是多疑，对于外来的人，不轻易相信。他们不管你学问怎样高，知识怎样广，总以为你们这些人只是些书呆子，懂得些什么？可惜真有些人，"不辨菽麦"，各种粮食的名字，都弄不清楚，居然就下乡提倡农业！何怪被人轻视，得不着乡民的信用！况且乡村的人民知识虽然浅陋，却是非常自负。务农的人，墨守陈法，已数千年，不知道农业科学是什么。若是我们要改良农业，普及农业科学，非实地试验出来给他们看，绝不能使他们相信。再者，乡村人民虽然贫穷的多，但是并非穷得没有饭吃，不过格外节俭朴素而已。他们常说："人穷志不穷。"他们不大欢迎别人拿"钱""势"来骄傲威吓他们，把他们看做可怜的人来创慈善事业。他们宁可"闭门不纳"，过他们的清闲日子，不肯多找麻烦，来受别人的气。所以提倡农业，推广教育，改良乡村生活的人，必须熟知农民的心理和态度。既然到乡村去服务，就应当把自己也看做一个乡下人，一切衣食习惯，必须先乡村化，然后乃能化乡村。若是拿城市人的资格架子去帮助乡下人，不但有背"知己知彼"的良训，而且也失掉平等同情的原则，还有什么成功的希望呢？

不怕艰难困苦，奋勇前进，愈努力，愈起劲，也愈能了解乡村人民的心理，吃乡下人吃的东西，穿乡下人穿的衣服，而且又能"循循善诱"，"以身作则"。这样的人，似乎可操必胜了。但是他们的工作，有时候仍然不免要发生困难。所以然的原故，就是因为他们没有充分的准备。所谓充分的准备，就是：（一）身体的准备，（二）知识的准备，（三）工具的准备。

所谓身体的准备是什么？到乡间去作事，不但要有吃苦耐劳的精神，更须有吃苦耐劳的身体。美国人讥笑初次下乡的人，给他们起个绰号，叫做"嫩脚"（Tenderfoot）。中国都市娇生惯养的人，到了乡间，自然是一样的被人耻笑。没有强壮的身体，不能做乡下人能做的事，最好不必去，还是在家里住着，比较平安舒服些。若是果然拿定主意要去，就得把自己的身子准备准备。不吸烟，不喝酒，戒除一切嗜好，早起早睡，练习多走路，再常常运动体操，造成一个身强力大，疾病不侵的铁汉。这样的人到了乡下，不但不觉得受罪，反觉得享福，有了这样的身体，还怕不能吃苦耐劳么？

所谓知识的准备是什么？到乡间去帮助乡下人，不特是一片热心就够了，必须有丰富的知识。乡下人缺乏的是什么？需要的是什么？什么是乡村的优点应当保存？什么是乡村的劣点应当改革？对于自己呢，兴趣在哪一方面？长处在哪一种工作？喜欢教育的事业，便专门研究乡村教育；喜欢卫生的事业，便专门研究乡村卫生；对于农业科学有深切的信仰，便努力在这一方面去用工夫；对于家庭工业有特殊的兴趣。便留心在这个问题上多加调查。总之，乡村人民的环境，生活，习惯，性情，与现代文化对于乡村的贡献，必须在下乡之前，详细考查，更须量自己才力的限度，做能做的事，才不致有勉强的情形。至于帮助乡下人的事，必须恰是乡下人需要的帮助，才不致有徒劳无功的危险，而且可收"事半功倍"的效力。所以知识方面的准备，也是非常紧要的。

所谓工具的准备是什么？古人说得好："工欲善其事，必先利其器。"工具上的准备，也是到乡间去服务的人所应十分注意的。在乡下做事，不能只靠一张嘴。你虽然说得"天花乱坠"，恐怕乡下人还是"充耳不闻"。普通的乡下人，是极顽固的。劝导他们，必须善诱，所谓"诱"，不是故意去哄骗他们，乃是要利用他们喜欢的东西和容易明白的事物，去宣传我们的事业。中国的乡村人民，多半是没有受过教育的。希望他们听了就会，是不可能的。所以必得使他们不但有机会听，还有机会看。听不懂的，看了自然可以懂。听人说的不信，亲眼看见总可相信了。所以现今欧美各国推广民众教育，和注重"直观教育"（Visual Education），利用各种直观教育的工具，如电影，幻灯，像片，图书，模型，标准，等等。方法则注重表演，实验，展览，务使看的人一目了然，证据确凿，自然使人心悦而诚服了。还有专门在那一方面工作的人，对于那种工作所需的工具，也必得研究精细，方易见效。如从事于普及识字教育的人，必须编辑乡村人民最适用的识字教科书；从事于提倡体育和正当娱乐的人，必须制造乡村人民最合用的游戏玩具，和比较经济的体育用品。总之，工具准备得完全而且精利，工作的收效就容易加速。有志乡村事业的人，不可不特别重视此点。

　　现今"到民间去"，"到乡间去"的声浪，一天高似一天。乡村社会的情况，和乡村人民的问题，也渐渐的显露。讨论建设新中国的人，没有不注意先建设新乡村的，因为中国的乡村是中国社会组织的基础，也是中国历来治乱的枢纽。梁任公先生研究乡治问题，曾引《乡饮酒义文》上的一句话："观于乡而知王道之易易也"。可见自古治国者必先治乡。乡治的重要，更是明了。现今青年有志之士，既有"到乡间去"的觉悟和决心，确是一种好现象。我也是一个乡村事业的同志，所以不揣拙陋，把经验所得，撮要写出。"愚者千虑，或有一得"。读者幸多赐指教，更正谬误，从我这篇没有价值的文章，或可引起许多有价值的著作。古人所谓"抛砖引玉"，就是我一点至诚的希望。

乡村卫生问题之分析及促进乡村卫生方法之商榷

中国人不讲卫生,差不多是世界各国人所公认的。城市的人不见得比乡村的人卫生知识特别高,但是城市里有市政厅,卫生局,防疫所,疗养院,各种促进卫生的机关,挂牌子的中西专门医生也不少。乡村里既没有这些卫生机关,又缺乏专门医生,虽然有几个"寥若晨星"的医生,又多半是一知半解,够不上"高明"二字。所以中国乡村里疾病丛生,瘟疫盛行。生产率高,死亡率更高,有病的人没有人会看护,不幸请教于那些乡村的庸医,乱投药石,呜呼哀哉!救灾恤死的先生们!为什么不去救一救这些死而无告的苦同胞?提倡卫生的先生们!为什么不先提倡乡村的卫生?

我们要促进乡村卫生,必须先将乡村卫生的问题分析出来,为我们研究的参考和实施的标准。我是一个常"下野"的人,今将我个人观察所得乡村卫生的实况,列举于下:

一、关于饮食的

(甲)食品过于简单

北方各省乡村的人民,吃的饭几乎同牛马差不多。许多地方顿顿吃小米干饭,或是窝窝头,什么菜都没有。

(乙)缺乏菜蔬

乡村除鸡子,豆腐,是常见的饭菜,别的菜都不多见。白菜、萝卜虽然有人种,也是非常缺乏。

（丙）食物不洁

乡下人吃的东西，多半不洗刷干净。手不洗，便去弄食物。饭菜也不遮盖，任凭蝇虫落附。

（丁）食物烹调法不良

乡下的东西，可口的很少，因为烹调太不讲求。除了盐醋而外，别的调和味料不常见，而且煮炒的东西，常常半生不熟，不易消化。

（戊）好吃冷水

乡下人不能一天到晚的生火烧茶，所以渴了就喝冷水。乡村的冷水，都是井水。井又不盖，泥土便溺，时时落入其中。微生虫之多，可以想见了。

二、关于衣服的

（甲）衣服太简单

乡下人穿的衣服，可以数得出件数。十有九人，一年只有两三套衣服。冬天一套棉裤褂，连穿棉袍的都很少。夏天一套单裤褂。乡下人穿衣是没有春秋的，不是棉的，就是单的。穿夹的人是不多见的。天气刚温和，儿童便都赤身露体。他们有衣服也舍不得穿。

（乙）衣服不常换洗

因为衣服太简单，件数太少，所以难得换洗。一套衣服有穿几年不换的。乡村的人脱下衣服，在太阳里捉虱子和跳蚤，是常见的。

三、关于居住的

（甲）庭院不打扫

庭院中堆积垃圾及粪土柴草肥料等，终年不扫除。

（乙）房屋不流通空气

乡村房屋狭窄，窗户低小，只一面开窗，糊纸不透气。冬天生煤炉，易中煤毒。

（丙）睡屋接近厨房

睡屋多半与厨房相连接。有时炉灶即在寝室中，烟气熏蒸，妨害呼吸。

（丁）门户简单冬日不能御寒

门户皆木制，材料粗糙，四边皆有隙孔，冬日冷风透射，屋中虽有火，但是温度几等于零。

（戊）热炕冷床温度太差

北方各省乡民，几乎到处都睡土炕。南方则睡木床竹床或藤绷极绷。到了冬天，土炕生了火，如同蒸笼，床则一天到晚不暖，两种温度相差太远，都不合于卫生，有害身体。

四、关于习惯的

（甲）不刷牙

乡村人民，刷牙的很少，牙上黄垢腻积甚厚。或者因为牙刷牙粉太贵的原故。但是不用牙刷牙粉，也可以用布或是脸巾，蘸盐擦牙去垢，使之干净。

（乙）不知保护眼睛

乡村人民十九常常害眼病，眼睛多半红肿，没有精神，因为他们不知保护眼睛，时时用不干净的手去揉擦。脸巾终年不换，而且是大家共用的。

（丙）不常洗手和脸

乡村人民每天至多洗脸一次，有时忙了，一次都顾不得洗。无论手是怎样脏，吃饭的时候也不洗。用不干净的手拿食物送入口中，最是危险。

（丁）不常洗澡

乡村的人几乎一年四季不洗澡，所以身上的垢甲把汗毛孔都塞闭了。而且又脏，又汗臭，又容易长虱子。有人说："乡下人穷，洗不起澡。"这是把洗澡的事，看得太贵族了。洗澡不必定要有澡盆和热水，一盆冷水和一条毛巾，便可以将身体洗擦干净。每天做完工，由田里回家，洗擦一次，又舒服，又卫生。

（戊）随处大小便及晒粪

到乡下的人，多半不喜乡下的气味，因为到处都是公共大小便的地方。晒粪场臭气冲天，来往的人莫不"掩鼻而过"。乡村的空气，本来清洁，这样不讲卫生，反弄得非常龌龊。

以上不过举例。乡下人不卫生的习惯太多，实不易一一枚举。

五、现时的苦痛

（甲）疾病多

乡村的环境虽然比城市好，但是害病的人并不比城市少。乡下常见的疾病，如各种目疾，喉症，伤寒，腹痛，牙痛，痢疾等等。各地尚有许多奇疾，如大肚子皮之类。

（乙）婴孩死亡率高

乡下的生产率甚高，各处农村社会调查报告已经证明。但是生的多，死的也多，尤以婴孩死亡最多，因为乡下人对于婴孩接生，营养衣食等事太不注意之故。

（丙）瘟疫流行

许多人以为城市人多，易生瘟疫，不知乡下也常发生瘟疫，而且传染得很快，因为事前既没有防范的方法，事后更不知如何消灭。不但人染瘟疫，畜类也常有瘟疫流行，如鸡瘟，牛瘟等。每有发生，死者相继，有时几乎死绝，真是可怕。

（丁）缺乏治疗及养病售药之所

乡下医院是不常见的，药铺也很少。间或县城里有一两家药铺和一二私立医院，他们内部非常龌龊，设备也不完善。

（戊）缺乏高明医生

乡下既没有好医院，自然也没有好医生。学西医的多半一知半解。至于乡村的中医，他们的程度，我们也可想而知的。

（己）乡村人迷信太深

乡下人遇有疾病，便求神问佛，烧香磕头。甚至吃香灰，吞腊油，种种愚陋的举动，以生命为儿戏。

据上面所举乡村各种卫生问题，都是关系很大。改进乡村卫生的人，不能不注意去彻底研究解决的方法。今就管见所及，列举办法数则，作商榷的材料。

一、卫生及医学机关团体，应实行"到乡间去"的政策。其进行步骤如下：

（1）派专门家到乡间去调查乡村卫生实况，及各种病症与死亡率之统计。

（2）筹拨大宗款项，划分区域，设立医院，及诊疗所，药房等。

（3）聘请高明内外科医生，赴乡间视察各种卫生工作，并巡行各乡村，诊治病者。

二、教育机关团体应促进乡村卫生教育，并提倡各种乡村卫生活动：

（1）乡村小学及民众学校应注意学生之卫生习惯。

（2）公开卫生讲演。

（3）开卫生展览会。

（4）组织乡村卫生会，捕蝇团等等。

（5）改良乡村衣食住之不合于卫生者。

（6）提倡体育，并组织各种球队，运动会，户内外游戏等。

以上各办法，不过举例，也是挈大端，要在关心乡村卫生者的特别研究，和努力进行铲除一切障碍，方能振聋起聩，使孱弱的中华民众，成为健全的人民，然后我孙中山先生的"民族"问题的基础，才能巩固，我中华民国才能安如磐石。所以乡村卫生问题，关系甚大，不可以寻常事而漠视之。我国医学界卫生界诸同志，何不先实行"下野"，以警醒麻木不仁的社会，并借个人的服务，引导团体的工作。若有人为此事奋臂一呼，我敢断言应声而起者必众，愿拭目以待。

乡村领袖人才训练计划的商榷

近数年来，我国人士的视线，都渐渐的由城市移到乡村。乡村中心小学的提倡，乡村师范的试验，乡村社会情状的调查，乡村生活改良的运动，乡村民众教育的推广，以至村治的鼓吹，农业的改进，风起云涌，日盛一日，都足以表现乡村方面工作的重要。这些举动似乎是依顺时势潮流的一种自然趋势，也是适应国家社会要求一种不可避免的程序。

我国原是以农立国的国家，农民占全体人民的大多数。社会经济的重心，本在乡村而不在城市。但自欧化东渐以来，我国慕泰西工商业之兴盛，以为富强之道，舍此末由，遂竞尚仿效，于是城市日增繁华，乡村则日益衰落，农业不振。农民因生活艰难困苦达于极点，不得已舍乡村而趋城市。农田荒废，农业窳颓，民食之借给日少，而国民之生计益窘国家也愈趋穷弱有识之士，知工商业竞争之不足恃，泰西资本制度之不足取，乃幡然悔悟，易弦改辙，将昔日从事城市工作之人才经费，都移到乡村去。或集中试验，或普遍推广，或彻底研究，或努力改革。已有相当成绩而惹起一般社会人士之注意的，如平民教育促进会的定县乡村试验，中华教育改进社的晓庄乡村试验及中心小学，职业教育社的徐公桥乡村改进事业，男青年协会的唯亭山农村服务处，女青年协会的山东福山乡村工作。此外如山西湖南的村治，江苏的劳农学院，与农民教育馆之推广，及河南百泉的村治学院，蓬蓬勃勃，大有闻风兴起，一日千里之势。其中除山西湖南两处外，其余都是近五六年内兴办的。最近中央政府又确定农业政策，可见政府及社会各团体对于乡村工作之注意和努力了。

各种乡村改进的运动虽然日盛一日，而乡村领袖人才则非常缺乏。或有计划而无人负责实施，或有经费而缺乏专家指导，或有愿研究乡村问题预备为乡村社会服务者，而各高级学校多半无相当之课程以适应此种要求。时至今日，国内各大学对乡村人才训练问题，仍漠然不关痛痒。大学学生自城市来者，因环境及习惯的关系，固然多数不愿到乡间去作事；但是从乡村来的学生，除少数受城市奢华生活引诱外，大半因家族及乡里观念的关系，仍准备回到乡村工作。各大学对于这般学生，自然应当与以适用之训练，使能从事乡村社会改革的运动及事业，以挽救我国今日乡村之危局，而建设新农村之基础。

但是现时各大学似乎仍是毫无准备，由于什么原故呢？因为一般大学多在通都大邑。他们的眼光和政策，只注意在迎合城市人民的需要，博得他们的欢心，以巩固他们的地位。这是受环境的束缚，也难怪他们采取这种方针为应付之计。但是各大学当局若明了其天职与责任是为全社会训练和准备高等领袖人才，城市人民的需要和乡村人民的需要，都应有充分的认识；城市社会的问题和乡村社会的问题，都应当使一般学生注意研究而谋解决的方法。况且我国既是一个村落社会的国家，农民的痛苦和乡村的衰败，在在足以摇动国本，影响大局。大学若不从速造就专门和领袖人才，虽然各教育团体大声疾呼，努力改革，而处处感受才难之叹，有心无力，有事无人，用非所长，收效甚微。一般青年，蒿目时艰，颇有舍弃尊荣安逸的生活，以从事于民众的工作。到乡间去的声浪日高一日，实际为农民谋幸福的人也不少，但是因为他们对于乡村社会缺乏研究，知其当然而不知其所以然，冒昧从事，毫无准备。及至身临其境，问题发生，愕然束手无策。精神的牺牲，金钱的耗费，时光的虚掷，不知几许。而我国乡村社会仍然陷落在黑沉沉地狱，何时始能振兴起复，重见天日？

根据上述的情形，乡村领袖人才的训练，已成今日急切不可再缓的问题。欲求训练收得美满的结果。必须有精密的训练计划。在组织训练计划之前，必先分析乡村领袖人才。人才既不只一种，计划也不应只一种。现时需要的乡村领袖人才，具大学程度的，可分析之为下列各种：

（甲）教育人才

（一）乡村师范学校教师

（二）乡村学校辅导员

（三）乡村民众教育推广员

（乙）社会服务人才

（一）村治村政专家

（二）乡村生活改进专家

（三）乡村男女青年会干事

（四）乡村社会调查专家

（五）乡村模范家庭表演员

（丙）体育及卫生人才

（一）乡村公众卫生推广员

（二）乡村医士

（三）乡村看护生

（四）乡村娱乐指导员

（五）乡村童子军指导员

（丁）农业人才

（一）农业调查员

（二）农业科学试验员

（三）农业科学表演员

（四）农业科学推广员

（五）乡村儿童农业竞进团指导员

（六）农村合作社组织专家

为训练上列各种人才起见，在一个大学的课程里，除已有之普通科目外，必须添设以下之各种乡村科目：

一、乡村教育科目

1. 乡村教育概论

2. 乡村学校行政

3. 乡村学校辅导

4. 乡村小学课程

5. 乡村小学管理

6. 乡村小学各科教学法

7. 乡村教师及其工作

8. 乡村学校调查

9. 乡村民众教育实施法

二、乡村社会学科目

1. 乡村社会学概论

2. 乡村社会组织

3. 乡村家庭问题

4. 乡村社会心理学

5. 乡村社会调查

6. 乡村娱乐问题

三、乡村文学科目

1. 乡村文学史

2. 农村诗歌

3. 农谚农谣

4. 农民应用文件

四、乡村史地科目

1. 乡村文化史

2. 农业史

3. 乡村名人传记

4. 农业地理

五、乡村政治经济科目

1. 乡村公民学

2. 村治学

3. 乡村经济学

六、乡村数学科目

1. 乡村簿记学

2. 农田测量学

七、乡村理化科目

1. 农业化学

2. 乡村食物及养料的分析

3. 乡村实用物理学

八、乡村体育及卫生科目

1. 乡村公众卫生学

2. 乡村家庭卫生学

3. 乡村家庭看护学

4. 农民健身法

5. 乡村儿童游戏

6. 乡村童子军之组织

九、乡村生物科目

1. 农村自然研究

2. 有毒植物研究

3. 益鸟害鸟研究

4. 农村动物学

5. 农业昆虫学

十、乡村工程科目

1. 农村道路

2. 农田水利学

3. 农田机械学

4. 乡村建筑学

十一、乡村家政科目

1. 乡村家庭管理

2. 乡村家庭烹饪

3. 乡村婴儿养育

4. 乡村家庭工艺

十二、农业科目（只就最重要者略举之）

1. 农业概论

2. 农场管理

3. 作物学

4. 土壤学

5. 肥料学

6. 园艺学

7. 森林学

8. 畜产学

9. 家禽学

10. 气象学

11. 兽医学

12. 养蜂学

13. 养蚕学

14. 农作物病害学

15. 农产制造学

16. 合作组织

以上所举各科目，虽不算完备，然重要科目皆包括在内。今再将各种乡村领袖人才之主修副修及必修之科目，分别表明如下：

人才种类	主修科	副修科	必修之乡村科目
乡村师范教师	将来拟教授之科目	一教育 二社会学	乡村教育概论　乡村社会学概论　乡村文学史　农业概论

续表

人才种类	主修科	副修科	必修之乡村科目
乡村学校辅导员	教育	一社会学 二选习	乡村教育概论　乡村学校行政　乡村学校辅导 乡村社会学概论　乡村文学史　农业概论
乡村民众教育推广员	同上	同上	乡村教育概论　乡村民众教育实施法 乡村社会学概论　乡村文学史　乡村公民学 农业概论
村治村政专家	政治	同上	乡村社会学概论　乡村文学史　乡村文化史 乡村公民学　村治学　乡村经济学
乡村生活改进专家	社会	一农业 二选习	乡村教育概论　乡村社会学概论　乡村社会心理学　乡村文学史　村治学　乡村经济学 乡村公众卫生学　农业概论
乡村男女青年会干事	同上	一教育 二选习	乡村教育概论　乡村社会学概论　乡村社会心理学　乡村经济学　乡村公众卫生学　农业概论
乡村社会调查专家	同上	一农业 二选习	乡村社会学概论　乡村社会心理学　乡村社会调查　乡村经济学　农业概论
乡村模范家庭表演员	家政	一社会 二选习	乡村社会学概论　乡村社会心理学　乡村经济学 乡村家庭卫生学　乡村家庭管理　乡村家庭烹饪 乡村婴儿养育　乡村家庭工艺　农业概论

续表

人才种类	主修科	副修科	必修之乡村科目
乡村公众卫生推广员	卫生	一社会 二教育	乡村教育概论　乡村社会学概论　乡村社会心理学　乡村食物及养料的分析　乡村公众卫生学 乡村家庭卫生学　乡村家庭看护学　乡村婴儿养育　农业概论
农村医士	医药	一卫生 二社会	同上加医药专门科目
乡村看护生	同上	同上	同上
乡村体育娱乐指导员	体育	一教育 二社会	乡村社会学概论　乡村社会心理学　农民健身法 乡村儿童游戏　农业概论
乡村童子军指导员	同上	同上	乡村社会学概论　乡村社会心理学　乡村儿童游戏　乡村童子军之组织　农业概论
农业调查员	农业	一经济 二社会	乡村社会学概论　乡村社会心理学　乡村社会调查　乡村经济学　农业专门科目
农业科学试验员	同上	一化学 二社会	乡村社会学概论　乡村社会心理学　乡村经济学 农业化学　农业专门科目
农业科学表演员	同上	一教育 二社会	乡村社会学概论　乡村社会心理学　乡村经济学 农业专门科目
农业科学推广员	同上	一社会 二经济	同上

续表

人才种类	主修科	副修科	必修之乡村科目
乡村儿童农业竞进团指导员	同上	一社会 二教育	同上
农村合作社组织专家	经济	一农业 二社会	乡村社会学概论　乡村社会心理学　农业地理 乡村经济学　乡村簿记学　农业概论　合作组织

各种乡村专门人才，在上述之主修副修及必修之乡村科目之外，自然应当先有相当的基本训练。所谓基本训练，即大学生必修之基本科目，及主修教育社会医药农业等科者必修之基本科目也。前项如国文，英文，三民主义，统计学，现代文化，物理，化学，普通心理等等；后项如教育通论，教育心理学，教学原则及方法，教育史，社会学大意，医药学基本科目，农业基本科目等等。每一种专门人才，必须预备一个课程表。任此课程表中，除大学基本科目，主修，副修，及必修之科目外，必须于每学期中，保留相当的钟点，为选修科目之用，使课程带弹性，不致十分机械，且有活动之余地。此种组织，可就时间上的分配说明之如下：

假定大学四年，必修的学时，为一百二十个。

大学基本科目（或称公共必修科目），共三十学时。

主修科之基本科目，及乡村科目，共三十学时。

二副修科之基本科目，及乡村科目，每科十五学时，共三十学时。

选修之科目，共三十学时。

现时国内各大学各种普通科目皆完备者甚少。希望他们都能设立上述各乡村科目，恐怕事实上难以办到。最好根据各校已有之组织教员及设备，能训练何种乡村领袖人才，及添设何种乡村科目，先有一定之目的，再立一定之课程，当然可收一定之结果。虽然同时不能训练各种乡村领袖人才，若能担任训练一种或数种，也必可观。譬如有师范大学或有教育学院之大学，可担任训练（甲）项人才；有应用社会科学院或社会学系之大学，可担任训练（乙）项人才；医科大学或有医学院之大学，可担任训练（丙）项人才；农科大学或有农学院之大学，可担任训练（丁）项人才。如此则各就所长，各尽其能，必可得相当之贡献。至教育社会医农各学院或各系皆备之大学，则科目更丰富，组织更精细，联络更密切，方法更活动。事在人为，要在各学校当局之有无决心和远大眼光耳。

最后再提一句，乡村改革运动已为我国最重要的事业，乡村领袖人才的需要已成今日最急切的问题。大学是社会最高的学府，自然应当为社会造就此种需用的人才。倘大学对于此种事业及问题而不注意，将何以对社会，社会又何必糜费巨款，供给此种学府。现时不满意大学教育的人，有讥讽大学为制造高等流氓的工厂者，各大学曾警悟与反省否？

社会中心运动

这本书是美国韩尼范氏（L. J. Hanifan）著的。韩氏是负有声望的乡村教育家，曾任西渥奇尼亚省（West Virginia）乡村教育指导专员。在一九一三年，他著有《乡村学校中之聚会须知》一书（A Hand Book for Community Meetings at Rural School Houses），为西渥奇尼亚省乡村教师参考之用，此书出版后，颇受一般人欢迎，销行甚广。后来"社会中心运动"，在美国一天比一天兴盛，韩氏是这个运动提倡最力的人，经验甚是丰富，所以把他个人的心得，和旁搜博引的许多材料，编成这部《社会中心运动》的书。

简单说来，这本书的目的，在阐发乡村生活的重要问题，对于乡村社交及娱乐问题，尤为注意，并对于乡村教师建议如何利用学校作乡村社会中心，以探寻解决乡村社会各种问题的方法。此等方法，据韩氏的意见，必须依照两个原则：（一）乡村生活之革新，必须由乡村人民之自动自助而产生；（二）在现今及相当将来的期间，此种革新的主要工作，必须依社会活动而进行。此种社会活动，必须以学校为中心，以教师及辅导员为领袖，其他社会机关，则从旁协助合作。

这本书的内容，大略如下：全书共分为十二章。第一章至第五章，讨论社会中心运动与乡村生活的基本原则；第六章至第十章，主要用意在表明社会中心各种活动的性质和范围，并用讨论及图解两种方式，建议促进社会中心工作之方法；第十一十二两章，包罗许多聚会的会序节目，和怎样筹备开会的步骤，以便乡村教师及辅导员采用。这些会序节目，多半是从实际经验上得来的。第十一章内的会序节目，属于娱乐方面；第十二章内的会序节目，属于乡村生活方面。

这本书还有两个特点；一个是每章后都附有若干问题，切实而有趣，便于读者的讨论和研究；一个是书末有参考书表，关于乡村教育和乡村社会改进的书，列举甚多。

末了，介绍这本书的人，加几句话：以学校为改良乡村社会的中心，简称为"中心学校"。这种办法，在我国已有人提倡，但是还在试验期中。一般人对这个试验，似乎还有许多怀疑的地方。美国的"中心学校"，是已经办理得有成绩的了。社会的中心，当然不必一定要学校。但是乡村学校在乡村的社会里，实占有特殊的地位，尤其是我们中国的乡村社会里，学校差不多是独一无二的文化中心。教师是人人尊敬的，自然有最高领袖的资格。所以利用乡村学校，来改良乡村社会，是最便利，最经济，而且最合乎乡民心理的了。至于怎样利用乡村学校，使不妨害其本身的业务，这是我们应当注意研究的。美国既然对于这种工作，已有很好的成绩。我们无妨借镜，不必整个地抄袭。韩氏著的这本社会中心运动，我国乡村小学教师和辅导员，不可不读一读。谈村治和改进乡村社会的人，更不可不仔细的读一读。

我国乡村小学课程的几个缺点

我们中国的教育家，不谈到教育普及和教育均等的问题则已，若是谈到这些问题，便不能不注意乡村教育。我国大多数的人民在乡村，大多数失学的人也在乡村。乡村教育不能与城市教育并驾齐驱而致落后，驯至今日，几乎有望尘莫及之势。此种不平衡的发展，不但造成教育不普及与不均等的现象，且实为民治国家进步的障碍。故今日我国一切教育问题的焦点，可以说是都集中于乡村教育。若是乡村教育没有彻底解决的办法，一切教育的问题，便都没有美满解决的希望。

论到乡村教育，似乎是千头万绪，无从着手。我觉得现在我国的乡村教育，并不是没有改良的办法。只要我们认定几条路走，定可以获到优良的结果。乡村教育的问题，虽然复杂，最根本的，是乡村小学的课程。

现在我国乡村小学的课程，缺点太多，不合乎乡村儿童的需要。今就其最显著者，略述之。

（甲）科目多仿袭城市，不合乡村需要

我们不可忘记，乡村小学是在一个乡村的环境里，为乡村儿童设立的学校。那末，乡村小学有特殊的环境，和特殊受教的人，就应该有特殊的课程。乡村小学课程中的科目，不必处处都仿效城市，依样去画葫芦。乡村小学课程的科目，应该根据乡村儿童的需要来规定，也不必照城市小学的科目划分那样详细，可以删去的就删去，可以合并的就合并，宁可求简单，不必要铺张。譬如历史地理，可合为史地；图画音乐，可合为乐歌；手工园艺，可合为农艺；缝纫烹饪，可合为家事等等。我曾见某处乡村小学课程中，有英文每周授课三小时。此种科目，对于少数预备升学，或转入城市学校的儿童，或者有点帮助，但是对于大多数的儿童，并没有什么用处，徒耗费许多的脑力与时间，未免太不经济。

（乙）教材太宽泛，不切生活实用

乡村小学各科目的教材，普通做乡村小学教员的，就没有几个人用心去选择过。他们不是抱一本教科书刻板式的遵随，就是临时瞎凑。他们引用做例证或说明的材料，多半不根据统觉主义（Apperception），不依照乡村儿童经验的教材，自然不易使他们了解。即使有时所选的教材，虽然容易了解，但没有什么重大的价值，对于乡村儿童，并没有什么贡献。试想乡村儿童的光阴是多么的宝贵。他们求学的时间有限，而可学的事物无穷。以有限的时间，学无穷的事物，自然要慎重选择，求其急需而实用的尽先介绍，教育与人生始能表现亲密的关系。譬如教卫生，应注重卫生习惯，及防病看护疗治等方法，而不应注重人体之构造，消化呼吸循环诸器官之作用，筋骨之名目等等。这些虽是重要的科学知识，但是儿童知与不知，并没有多大的关系。若是费去许多时间，去讲解记忆这样的教材，反将许多儿童需要和有用的教材排挤出去，结果必致造成一种空虚的文雅教育，与社会生活十分隔阂。无怪乎一般乡村儿童以求学为苦工，乡村父母以教育为赘物。他们对学校若是失了信仰，教育怎样能收效？又怎样能普及呢？

（丙）上课日期与时间太板滞，不顾社会情形

我国的乡村小学设立在城市小学之后，所以一切办法多奉城市为圭臬，初未顾及乡村之特殊情形和需要。城市学校怎样办，乡村学校也怎样办。我们应当明了乡村人民的生活与城市人民迥乎不同。乡村人民十九务农，农事必须随时季而进行，故农人全年的工作，劳逸不均。不似从事工商者，其工作每日大略相同，没有什么大变化。农人最忙的时候，是春夏秋三季；最闲的时候，是冬季。在耕种及收获的时候，不但壮年的农夫，日出而作，日入而息。连他们的儿女，也是终日奔忙。我常见乡村儿童，春天在地里锄草，堆肥，秋天在地里拾棉花，刨草根。他们的父母似乎是很倚赖他们。在这农忙的时期中，他们没有工夫，也没有心绪去读书。乡村学校的儿童，在这时候，差不多全数旷课。学校外表虽是照常工作，实际上已无形停顿。所以许多乡村学校，不得不顺应环境的要求，特别放假，或是延长假期。在我国北方乡村小学，有所谓麦秋假的，有所谓大秋假的，都是在例假之外，按乡村生活情形，另酌定假期，以便儿童回家服务。但各处假期长短毫无标准，且课程亦无相当组织，以适应此种特殊需要。故乡村儿童的假期，既比城市儿童增多，则其出席学校之日期，常比城市儿童短少。他们所得的教育训练，当然不及城市儿童。欧美各国对此，均有特别规定，如农忙时，或停课或减少上课时间，农暇时，则加增上课时间，亦有在冬季设补习夜校者。这些办法，不过一方面为使城市儿童皆得均等教育机会，一方面又须顾及乡村儿童生活情形，使课程不致妨碍农业。我国欲改进乡村教育，必须注意此事，在乡村小学科目时间上，为适当的分配，使富有活动性，最好另定乡村学校学历，以应其特殊需要，则学校与社会自可有密切的联络，不致有离异的现象了。

（丁）只重知识的灌输，忽略精神与身体的训练

我常听见人说，"乡村学校课程里不必有什么音乐唱歌图画手工这一类的科目，因为乡村学校，多半是一位教师担任各级的功课，他已经嫌太打杂，所以常常把两三个年级的科目，合并起来教。科目越多，越忙不过来。音乐唱歌图画手工素来不看做基本科目，不如读写算那样重要，有没有似乎毫无关系"。又有人说，

"乡村小学课程中的体育，大可取消，因乡村儿童终日奔走工作，已疲劳不堪，还要操练身体？"我记得前清的初小课程里。曾以图画手工音乐三项为随意科。民国十一年改定的新学制课程标准草案，也有人主张以工艺园艺商业家事音乐图画等科为随意科。城市尚且如此，乡村小学更是因陋就简，借口人才经费之不足，宁缺毋备了。欧美各国，对于乡村小学之图画手工，最为重视，因于乡村儿童之生活，和将来的职业，有许多实用的价值。至于音乐的需要，更是急切，因为乡村人民的生活，本来非常机械而且枯寂，精神又十分颓敝，音乐唱歌，最能调和情绪，激发精神。丹麦乡村小学及国民高等学校，都很注重音乐唱歌。每天从早晨直到晚上，儿童要唱许多种的歌。除国歌校歌之外，又有什么起床歌，就寝歌，早餐歌，午餐歌，晚餐歌，游戏歌，旅行歌，上课歌，下课歌等等，几于无时不唱，无时不歌。所以参观丹麦教育的人，都佩服丹麦乡村儿童歌唱的本领，好像他们心里住着一个鸣鸟似的。那种活泼鼓舞的情状可想而知。我国乡村小学，因为设备简单，和师资缺乏的关系，音乐唱歌多半取消。有的地方，教师虽然可以担任，但教授不得法，非常机械，儿童也得不着什么好处。像丹麦的乡村学校，能使歌唱的习惯与儿童的思想行为化合一起，使他们不知不觉，都忘了沉闷寂寞的生活，振起蓬勃欢欣的精神。这样，才能将乐歌的价值和贡献，表现出来。至于体育，在乡村学校里也是必不可少的科目。乡村儿童日常的工作，不能算是体育，只能算是苦力。这种没有限制，没有规则的劳动，不但无益，而且有损。体育的价值，在矫正身体上一切偏重的操作，使得平均的发展，再者体育的范围甚广，包括一切身体上的活动。我国乡村学校，通常只视体育为体操，对于儿童的游戏运动，多不注意。这种心理，急应矫正。有组织的游戏运动，不但没有弊病，而且顺合儿童身心的发育，是极有益的。西洋教育家，多有提倡游戏为教育之惟一方法和途径的，而我国一般人士，还有迷信"勤有功，戏无益"。为教育儿童之根本原则的。他们见解之腐旧，真是不可理喻了。

以上所举的四个乡村小学课程的缺点，若是能在最短期间，补救改善，乡村小学，定有一番新气象，虽然不敢说能把乡村小学课程的问题完全解决，但是根本上的几个问题，总可说是解决了。事在人为，只要各省各县的教育长官，和教育专家，都实事求是的努点力，自然容易收效。若是只成天的倡言改革教育，坐在衙门里办教育，章程规则，连编累牍。乡村学校的课程如何？教学法如何？从不过问。你办你的学校，我办我的教育。这样下去，恐怕乡村教育永无进步的希望吧！

我国乡村妇女生活的实况与女青年会的责任

有一天我偶然和一位外国朋友闲谈。他说："中国社会的不安宁，是由于三个不平等的现象：一个是有钱的人处处占便宜，没钱的人处处吃苦头；一个是城市的人处处得利，乡村的人处处倒霉；一个是男子处处在先，妇女处处落后。"他的话也许有说得太过的地方，但是我们不能不承认这是我国社会现有的普通情形。

现在我国知识阶级，对于社会生活改善的问题，发表议论的很多：有主张从教育入手的；有注重物质和精神建设的；有认为是实施训政的初步工作的。议论虽然纷纭，却有一个共同之点，就是都承认无论普及教育，实行建议，完成训政，必须在一般民众身上下工夫。所谓民众，当然不是指那些少数的官僚和资本家，乃是指那些大多数的劳动界和缺乏教育的人。但是现时谈民众运动的人，很少有谈到乡村民众的；谈乡村民众运动的人，很少有谈到乡村妇女的。我国乡村的妇女，是民众中最痛苦最受压迫和不平待遇的人。所以我们不谈到民众的问题则已，若是谈到，必须首先注意这些乡村妇女的问题。我们不讨论社会生活的问题则已，若是讨论，必须首先注意这些乡村妇女的生活。

我国妇女的地位，近年来在城市社会中，已经提高了许多。我们时常听见妇女平权参政等呼声。少数受过教育的妇女，也居然在政界，学界和艺术慈善等界，占有重要的位置，崭然露了头角。但是环顾一般乡村妇女，则仍然沉沦于苦海之中，呻吟于愁城之内。我们提倡民众运动的人，改良社会生活的人，能漠然不闻不问么？

我国乡村妇女的生活，恐怕知道的人很少。我们平日多半是好逸恶劳，喜慕城市的繁华便利，嫌厌乡村的枯寂阻滞，很难得到乡间去走一走。无怪乎对于乡村生活情形，十分隔膜，我从前也是以"谈笑有鸿儒，往来无白丁"。自命的人，从未涉足于乡间，后来发愿立志下乡，居然足迹也到了几十个县镇，几百个村庄。常言道得好："耳闻不如目见。"我亲身看见乡村妇女怎样的过日子，怎样的作工，我的头脑受了很深的印象，我的思想也就随之而改变了。

我国乡村妇女生活的实况，恐怕我这支拙笔是形容不出来的。现在就我个人所见所闻，写些下来，再将些流行最广的乡村歌谣，引来作例证。这些歌谣，多半是乡村妇女们的自述，比别人的述说自然更亲切有味，而且不失其真。这些歌谣，不是描写乡村妇女片面的生活，乃是描写他们各方面的生活。我们最好先将乡村妇女的生活，分为下列的几种，然后根据这几种生活，借用歌谣来证明。

（一）做闺女的乡村妇女

重男轻女，是我国数千年来的恶习。现时在表面上妇女虽有与男子平等之名，但还没有享受平等之实；尤其是在顽固守旧的乡村，做父母的对于男孩女孩，仍然免不了歧视。普通的心理，总是认女子为"赔钱货"。初生下来，对于他们就有一种嫌弃的心。溺毙女儿的恶俗，虽然现在不似从前那样盛行，官厅也悬为厉禁，但乡村女孩的养育，究竟有点勉勉强强的。他们自幼便受父母的异视，长大之后，胡乱的嫁了出去；甚至有送给人或卖给人的。他们的亲生父母，尚且这样的看待他们。他们在社会的不幸，也就可想而知了。以下的几首歌谣，便是描写他们的遭遇。

1. 纺花车，钻子莲，养活闺女不赚钱。一瓶醋，一壶酒，打发闺女上轿走。爹跺脚，娘拍手，"谁再要闺女谁是狗！"

2. 咚！咚！咚！鼓儿声，张郎来娶李家娘。扶持新娘上了轿，轿子一起抬走了。爹爹跺跺脚，妈妈哭坏了；爹爹说："赔钱货"；妈妈说："坑了我"。走！走！走！再休提，"谁再要女儿谁是驴！"

3. 养活猪，吃口肉；养活狗，会看家；养活猫子拿耗子；养活你个丫头做什么？

4. 小花鸡，上磨盘，娘打孩子不纺棉。"娘！你慢打，你慢骂，还能在家过几年？"过今年，过明年，花轿抬到大门前。爹顿脚，娘拍手，"再有闺女搬给狗！"

5. 花椒树，棘枝多，俺娘养我孤一个。污了毛毛鞋，娘打我；污了裹脚，娘骂我。受不得打，受不得骂，跳了黄河罢！

6. 蓿蓿菜根苦，爹娘把女卖到彰德府。白地拾柴火，黑地拐豆腐，把两眼熬得鸡屁股，还不得吃碗热豆腐。

7. 小红鞋，绿头锁，我娘从小卖了我，一卖卖了十里地，人家吃饭我受气。我去南院躲一遭，看见娘家门楼高。娘看见，往家叫；爹看见，哈哈笑！嫂看见，瞅两眼；哥看见，不待见，嗝吨嗝吨气死俺！

看以上几首歌谣里，乡村做父母的口吻，什么"养活闺女不赚钱！""赔钱货！""坑了我！""养活这丫头做什么？""再有闺女搬给狗！"他们对待女儿的薄情，都不遮不掩的露出来！甚至于把女儿看得连猪狗猫都不如，赌咒发誓的说，"谁再要闺女谁是狗！""谁再要女儿谁是驴！"唉！乡村女儿何至于一贱如此！乡村父母这样的轻看他们的女儿，因轻看而怨恨，因怨恨而打骂，因打骂而卖送，这是势所必至的了。做女儿的，不能忍受这种虐待。逼得走投无路，只得"跳了黄河"算完事。

（二）做儿媳的乡村妇女

乡村妇女的劫运，第一步是在家时受自己父母的轻视；第二步就是出嫁后受公婆的虐待了。我们读汉朝的民歌《孔雀东南飞》，便可领略此种情形是中国社会数千年来的习俗。但是压力过大，必生出反动来。乡村妇女不幸而遇着凶狠的公婆，性情柔和的媳妇，还可以低头忍气，任他蹂躏，只有叹命苦罢了；性情刚硬的，有时不免逼出事情来。

我国乡村还有一种很普通的风俗，婆家将订好的媳妇，从小的时候，就养在家里，叫做"童养媳"。这种"童养媳"的风俗，由于两种原因：（一）有女的人家，因经济压迫，愿意将女早送至夫家，以减少衣食的担负；（二）娶媳妇的人家，因工作繁多，需人帮助，遂将不足结婚年龄的女子，接至家中，以便服务。这些做"童养媳"的，在婆家如同奴婢一般，他们的待遇，还不及正式过门的媳妇呢！"童养媳"的风俗，不但养成公婆虐待儿媳的习惯，而且在道德方面，也有不良的影响。

我们从以下的几首歌谣中，可以看出乡村的公婆们怎样打骂他们的媳妇，又可以看出有些做媳妇的怎样的反抗，演出家庭革命的趣剧来。

1. 推磨推到二更鼓，舂米舂到二更多，跑到床前打个盹，老婆婆呼唤烧早锅。扶着窗户往外看，月亮星儿都未落。这早烧什么锅？锅又大，水又多，柴火湿了烧不着。公公要吃白米饭，老婆婆要吃油馍馍，小姑小叔要吃兹巴砣。实在难坏我！叫一声爹娘与哥哥！这样日子真难过，再待三天不接我，高悬梁头见阎罗，免在人间受折磨！

2. 新嫂嫂，脚儿小，才来三天就上灶，弄的饮食味不好，惹得公婆性燥了。公一棒，婆一鞭，打得媳妇泪涟涟。

3. 天上大星排不匀，地下小妇难做人，一升麦子磨三升，公公骂，婆婆打，还说小妇给人家。剪下青发吊死咱。不要金装！无须银埋！留得美名千万载！

4. 宝塔高，挂镰刀；镰刀快，割韭菜；韭菜长，割两行；韭菜短，割两碗。公一碗，婆一碗，打去了一个榴花碗，公又鞭，婆又鞭，吓得小媳妇溜上天。

5. 豆芽菜，水潲潲，谁家的媳妇打公公？公公拿那拐头拐，媳妇拿那奶头甩。

6. 马齿菜，开黄花，婆子死了我当家。有客来，不抬驾，鸡蛋打打，自己吃了他。

（三）做妻子的乡村妇女

乡村的女子，无论如何，总要嫁人的，乡村女子，到现在恐怕还做不到自由结婚的甜梦。他们向来是听从父母之命，媒妁之言的。只要做父母的愿意，就得了。至于所嫁的男人好不好，满意不满意，全谈不到。那都是命里注定的，不能埋怨旁人。俗话说的："嫁鸡随鸡，嫁狗随狗。"可以把这种心理赤裸裸的表现出来。

1. 有个大姐整十七，过了四年二十一，寻个丈夫才十岁，她比丈夫大十一。一天井台去打水，一头高来一头低。"不看公婆待我好，把你推到井里去"。

2. 十八岁大姐周岁郎，每天每晚抱上床，睡到半夜要吃奶，劈头脑几巴掌。"我是你妻子不是你娘！不是你爹娘待我好，一脚把你蹬下床！"

3. 小二姐，走路快似风，走到她娘家的大门庭。"爹呀！娘呀！叫几声。你怎么给你闺女寻婆家？为什么一时不打听。前心长个大疮，后心不住流脓，一脸黑油麻子，坑坑洼洼不平，一头罗圈秃疮，不断常常哼哼，前锅后罗条半腿，实在不像人形！"

4. 一个小媳妇长的俊，梳油头，拉大鬓，寻个女婿太不衬，罗锅腰，眼烂杪。可叹我小情娇，骂一声"王八羔！"

5. 韭菜花，满地铺，金担银担嫁小姑。小姑小姑命不好，一嫁嫁个驼背老，上床又要背，下床又要驮。隔壁邻居莫笑我！前世因缘莫奈何！

6. 老母亮，亮堂堂；插上门，抽衣裳；抽的白，洗的白；寻个女婿不成材，赶集去，回不来，又吃酒，又斗牌。

7. 小烟袋，扑穗多，打的酒，您去喝，喝醉酒，打老婆。打死老婆您怎过？使响器，吹喇叭，笛笛打打再娶个。

从前面第一二两首歌里，我们知道乡村最普通的一种风俗，就是妻比夫的年龄大，这种情形，不是偶然的，乃是强为的。那末，我们要问为什么乡村的人们要他们的媳妇比儿子岁数大呢？这个疑点，我曾问过好几处本地人。据他们说，女的年岁大，多半由于早婚的缘故。男子不到十五（还有许多不到十岁的），便娶了亲。女的若是比男的小，或是一样大，他们只是成天在一处玩，要谁人照料家务呢？女的年龄大，不但可以帮助公婆操作，而且可以兼管她的丈夫。所以乡村的妇女出嫁之后，对她的丈夫，几如一个保姆，一时还说不到夫妻的情分呢！

读了后面的几首歌，我们不能不叹乡村妇女的命苦了，她们不是嫌厌丈夫年纪太小，就是恨他丑陋，还有遇见酗酒好赌的丈夫，被他毒打的。这种婚姻，怎样能算是美满？无怪乎家庭里终日吵吵闹闹，难得安宁了。乡村妇女不睦，男子还有休妻的可能，妇女与男子离婚，是旧社会所绝对不许的。若是丈夫先死了，还得要为他守节一辈子。

（四）做母亲的乡村妇女

妇女到了做母亲的时代，似乎可以休息享福的了。但是乡村妇女，是不得休息的。一天到晚，一年到头，总是忙碌不闲。养儿育女，已经受了许多苦痛磨折。若是养的儿子不知孝顺，岂不是一辈子辛辛苦苦，到老还要呕儿女们的闲气么？

1. 野麻鹊，尾巴长，娶了媳妇忘了娘。娘说话，狗臭屁，媳妇说话心中意。

2. 红公鸡，尾巴长，讨了老婆不认娘。娘讲话，不算数，老婆讲话句算句，娘要吃个糖烧饼，他说无钱懒得理。老婆要甜沙梨，早早起来赶集。

3. 西方路上一片云，娘去烧香儿去寻。走一山，又一山，不见我娘在那边。走二里，又二里，只见我娘在高山。伸手拉住娘的手，"为什么我娘烧香不回还？"他娘说："儿不孝！妻不贤！"她儿说："古来都是孝父母，如今却是妻当先。"他娘说："既然我儿妻当先，娘去修仙没挂牵。"她儿说："不回不回罢，我还回去守我的玉天仙！"

乡村妇女的一生，从做闺女起，到做母亲止，可以说很少有快乐清闲的日子。乡村的人，本来是勤苦的。但是乡村妇女的生活，比男子还要苦得多。她们的身份，是被人轻视的；他们所受的待遇，是不平等的；她们的工作，是烦忙的；除了做饭，洗衣，看孩子，做针线，纺纱，织布，采桑，养蚕，种种工作之外，有时还要帮助丈夫种地，割草，喂牛，打柴。我国北方乡村的妇女，推磨，拾粪；南方乡村的妇女，踏水车，栽稻秧，是常见的。她们的生活，真是如奴隶牛马一般。有时连奴隶牛马还不如呢！在物质方面，她们得不着什么快乐；在精神方面，她们也得不着什么安慰。她们的生活，无非是悲惨沉痛；她们的胸怀，充满了愤懑怨怼。她们既没有经济独立的能力，又被社会礼教所束缚，不能与不良的家庭脱离关系，只好"哑子吃黄连"，受苦终身了。或者弄到上天无路，入地无门的时候，惟有一死了之。

从上面生活的层层解剖，我们已可窥见乡村妇女所处的地位是如何的低微，所受的痛苦是如何的深烈。现在我们再从我国乡村社会的实际状况去观察，也可以得到一种相互证明的材料。

近年来中外教育家，社会学家和农学家多注意到我国的乡村问题。他们也曾做过许多调查，但是对于乡村妇女方面的调查材料很少，因为他们多半注意乡村人民经济的情形，没有十分注意乡村妇女的生活。从人口的调查的一部分，我们得到了一点报告。

一九二三年，金陵大学卜凯教授（Professor J. L. Buck）调查安徽芜湖一百零二个农家男女人口的分布。十岁以下的男女孩童数目的比例，相差甚多。十岁以下的男孩，占总数百分之六〇·一；十岁以下的女孩，只占总数百分之三九·九；十一岁至二十岁男孩的人数，也比女孩多，占总数百分之六八·九；女孩只占总数百分之三一·一。（参观金陵大学农林科农业丛刊第八号芜湖一百零二农

家之社会的及经济的调查）

一九二四年，清华大学麻伦教授，（Prof. C. B. Malone）与燕京大学戴乐仁教授（Prof. J. B. Tayler）为华洋义赈救灾总会在直隶山东安徽江苏浙江五省所做的乡村调查，关于二十岁以下男女孩童人数之比例，列表如下（参考 C. B. Malone and J. B. Tayler, the study of Chinese Economy, Social and Political Science Review, Oct. 1923。）

年龄	性别	浙江（鄞县）		江苏（江阴）（吴江）		安徽（宿县）		山东（沾化）		直隶（遵化）（邯郸）（冀县）	
		人数	百分比	人数	百分比	人数	百分比	人数	百分比	人数	百分比
十岁以下	男	164	55.7	605	56.2	475	55.0	535	56.0	2420	52.3
	女	130	44.3	471	43.8	388	45.0	422	44.0	2202	47.7
	总计	294	100	1076	100	863	100	957	100	4622	100
十岁至二十岁	男	172	54.6	588	58.7	356	57.6	545	57.9	2130	55.9
	女	143	45.4	416	41.3	262	42.4	395	42.1	1689	44.1
	总计	315	100	1004	100	618	100	940	100	3819	100

又据李钦子《浙江省人口及粮食问题》一书中，所载之浙江人口调查之百分比。二十岁以下之男子，占全省人口百分之四一·三。二十岁以下之女子，占全省人口百分之三八·七。杭县一县，共有男子二一四·四二五，女子一七五·九二六。李君又云，浙江全省男女人数之比，为五六·三与四三·七。以此数统计，该省缺少女子二百五十万。

上面的几个调查统计，虽然不能代表全国各处的情形，然而已足证明中国男多于女的一种普遍现象。在乡村社会里，二十岁和十岁以下的男童，几乎处处比同等年龄之女子多。这种幼年男女人数相差的现象，并非由于偶然的，乃是由于人为的。欧美各国人口，在此年龄期间，都是女多于男。据一般生理学家和医生的推断，是由于女子比男子容易养育之故。在我国，这种人数的比例，却恰恰相反。这不是其中另有缘故么？

我国乡村女孩比男孩少，可以说是有以下的几个原因：

1. 一般乡村人民仍不免保守重男轻女的陋习。女孩产生后，常被他们的父母抛弃或溺毙。

2. 因重男轻女的心理，女孩之调护抚养，多不及男孩之周到，故女孩死亡率常较男孩为高。

3. 幼龄女孩的身体，常为缠足恶习所伤害，因而致病或竟夭殇。

4. 近年来农业经济情形日益退败，加以水旱天灾，兵匪焚劫，乡村人为饥寒所迫，多有鬻女为人作婢妾者。

5. 十岁至二十岁早婚之乡村妇女，多不知卫生，常因难产或产后患病而死。

乡村幼年及青年妇女的际遇，已如上述。她们生存的机会，比男子少得多。又况缺乏谋生途径，为饥寒所迫，或为翁姑虐待，不堪其苦，而寻短见，还有中了旧礼教的毒，为丈夫殉节的，比比皆是。无怪乎浙江全省女子竟比男子少二百五十万。全国妇女的人数，尚没有人调查统计过。男多于女，是势所必至的了。

我国乡村妇女的生活实况，还可以从许多研究乡村社会问题的人们的口中，探讨些出来。

乡村妇女的劳动工作，似乎比男子还多，因为"妇女们除了治理家事之外，暇时还得出外帮同男人操作。因为不如此，生活上就不能维持。"（参看《村治月刊》第一卷第一期根培《高呼建设声中之农村问题》。）

基督教协进会乡村教育专家张福良先生，在《女青年》月刊第八卷第六期里，也曾述说过一段经验，可以与上段相互证明："最近我们又到昆山郊野，去参观几个农场。曾经遇见一位农妇，据说，他已抚育了六个子女，而最长的年仅八岁。他除纺织缝缀，供给一家几口的衣着，如处理一切家务之外，还得饲养一群母鸡，数头山羊，和几只猪，她的人生恰和其他千百万妇女一样，是担负着无穷的痛苦和辛劳。"

乡村妇女过于劳动，于他们实是无益而有害。我们当然听见反对的论调："农家妇女，因为终日勤劳，不得休息，致家庭间物质的修饰，精神的安舒，两者并缺。"（参看《村治月刊》第二卷第一期周意彪《乡村教育与社会发展》）

近年来乡村生计日益艰难，乡村妇女劳动的度数，不但没有减少，而且变本加厉。许多妇女受经济的压迫，为维持生活起见，不得不离开田间，趋赴城市。此种现象，在靠近工商业发达的地方，最为显著。下一段话，可以给我们一个例证："农妇生活，近年来因经济现象之变更，既受着农村经济破产的威胁，乃多有趋近城市工厂去吸煤烟的。如江苏宜兴一带的农妇，在苏沪锡等埠，变成纺纱厂工人者，统计不下六千余人。"（参看《村治月刊》第一卷第十期天明《中国农民与农村的现状》）

对于乡村妇女生产不卫生，和她们缺乏生育知识的情形，许多人很抱悲观。我们时常听见些严厉的批评，和慨叹的议论。江恒源在调查江苏十七县农民生计状况后的感想里说："再要谈到乡间妇人生产情形，有助产士（即从前所谓产婆）么？有啊！东庄某大嫂，是大家公推出来请他做'姥姥'的。你要问她接生时，手洗干净没有？断脐带的剪刀，消过毒没有？他能答得出来么？他那黑暗暗的指甲里边，便是微生物的豢养所。一把小小剪刀，更是微生物的传播器，一动手，一用剪，完全把病菌传染过去。小孩生了不到十天，听说产妇得'产后疯'了，小孩得'七朝疯'了。好在是一命呜呼，数早注定，绝怨不到大嫂的手指不净，剪刀不洁。"（原文见《教育与职业》第一〇八期）

关于乡村妇女不良的习惯，可以摘录《东方杂志》第二十四卷第十六期描写乡村状况的文章的一段如下："更有若干青年妇女，喜吸烟叶，其量至大，甚或超过男子。因此即勤劳最合宜之妇女，亦有因烟而染肺病者。劳动不合适宜者，自更不待言。不过于勤劳之妇女，孕后多流产，产后或不以他疾致命。小孩因先天之关系，患惊风白喉痘疹而死者，更不可胜数。"

有许多乡村妇女，虽没有烟酒之癖，但是她们却有求神拜佛，烧香还愿，种种迷信。我们每年春秋二季，在杭州西湖旁边，看见许多农妇村姑，项悬香袋，手持佛珠，来往不绝，也就可以知其梗概了。这些乡村妇女，平日都很节省，但是他们对于烧香的钱，却是绝对不能省的。关于这一点，也有人说："她们（乡村妇女）不吸烟酒，不涂脂粉，不会除开'烧香钱'以外更单独的消费半文铜钱。可是送与和尚的'烧香钱'，那就是曾不会吝惜的。还有一部分人，对于缠脚的一丈二尺长的布带，认为是决不可省的。"（参看《村治月刊》第一卷十期天明《中国农民与农村的现状》）

乡村社会里的婚姻，我们知道是极不自由的。因为"农村中的一般婚姻状况，无论在那方面，仍都是沿袭古代的风俗，丝毫没有改变。他们的订婚条件，是以门户相当，父母之命，媒妁之言，为凭的；他们的感情，是以父母的喜悦为转移的；他们的结合，是以'八字''相属'做谐和的基础的。结婚前后的种种仪式，仍是保存着封建时代的制度，并夹杂着许多迷信和鬼神命运之说。……个个人都是长而婚嫁，婚嫁而后生育，生育而后再婚嫁，昏昏沉沉，'不识不知，顺帝之则。'"（参看《三民主义》半月刊第二卷第九期石人《婚姻问题与中国家庭制度》）

女青年协会何耀坤女士，在山东福山县乡间，提倡妇女民众教育。有的妇女对他说："投生个女人，真是苦极，一辈子做奴才，不得翻身。这总怪女子没有知识啊！"又有的说："不准我们念书，单准男孩子念书，是什么道理？怕我们明白事么？现在我不是从前了，不论怎样，书是要念的！我也是人，就不该懂得点事吗？"（参看《女青年》月刊第八卷第六期何耀坤《一年工作的回顾》）她们这些话，真如何女士所认为"久被淹埋的心灵中，发出的微弱的呼声"，也是她们的一种觉悟的表现，与思想革命的象征。

我国乡村妇女的地位，环境，和生活，际遇，已如上述。我们对她们应当取什么态度呢？只是旁观式的哀怜悲欢，于她们没有半分的益处。但是我们既不能坐视不救，要怎样去帮助她们呢？我个人觉得应当从两方面去下手：一是积极的方面，一是消极的方面。

先说消极的方面，我们对于乡村妇女应做的工作是些什么？最急切的，就是在可能范围之内，劝戒并禁绝以下的几种恶俗陋习：

1. 溺毙或抛弃女孩　这种事是惨无人道的，最应深恶痛绝。乡村父母有敢犯此不韪的，应由大众纠查，随时报告地方政府，依法治罪；一方面再积极提倡男女平等，根本划除重男轻女的观念。

2. 鬻卖女孩作人家婢妾　这虽不如杀害了那样残忍，但是把人当作牛马，与人做奴隶，与从前美国人贩卖黑奴一样的不讲人道。被卖的女孩，到别人家中，多半是受虐待的。有的人，卖儿鬻女，不是出于本心，乃是为生计所迫，不得不如此。说到此处，我们不能不提醒我国妇女的生产量太大了。有的乡村人家，所有的财产不过几亩薄田，每年打的粮食，有时还不够养活夫妻两口，却养了一大群孩子。遇见天旱或水灾，弄得饥寒交迫，自然要卖掉儿女了。这次陕甘两省的灾情，我们不知听见多少惨不忍闻的事。所以要根本防止鬻卖女孩的事，必得从限制生育入手。现在政府虽设法禁止贩卖人口，并不能根本地解决这问题。

3. 童养媳　这种风俗的原因，前面已经说过了，一方面是做父母的恨不得早点送出他们的女儿，一方面做公婆希望早点有人使用。他们除了轻视女孩之外。多半因为经济的关系，此种风俗，虽似无大妨害，但是一般做"童养媳"的，多半受公婆虐待，而且在性的道德方面，也是一件很不妥的办法。

4. 早婚　早婚的恶俗，现在虽不似从前那样厉害。但是乡村的男女，多半仍是在二十岁以下结婚，不但于他们的身体和卫生上不宜，而且生育太早，儿女成群，无法赡养，必致弄出不良的结果来。有时女孩年龄虽较大，而男孩的年龄相差至十岁以上，又必致闹出把妻当娘的笑话，如前面歌谣中所说的，夫妇之间如何能发生好感呢？

5. 殉节　丈夫死了，还有父母儿女，为什么一定要寻死，抛下老的小的，叫谁管呢？恐怕死在九泉之下的丈夫，若是知道，也不瞑目罢！他们从来不想一想，夫死了，妻要殉节；但是妻死，夫就不殉节。做丈夫的，没有听见过也要从一而终的。这样，怎能算是男女平等？所以这种风俗非要改良不可。

6. 缠足　缠足的风俗，已经渐渐少了。但是穷乡僻壤的地方，仍有着"不缠足，没人要"等顽固话。官厅虽然禁止，但是他们依然偷着缠，戕害女孩的天然身体，使受无穷的痛苦。这件事应当一方面靠法律来制裁。一方面要设法开导，提倡"若缠足，没人要"的习俗来抵制。

7. 烧香求神　这件事似乎是难些，因为现在一般妇女，不但是乡村里无知识无教育的，连城市里许多大户人家的妇女，还免不掉这些迷信的事。普通妇女烧香求神的目的，在求多生儿女。若是"限制生育"的空气发达起来，这种迷信的事，或者自然减少。但是有的乡村妇女，全赖烧香赶庙会，为她们一年中难得的娱乐机会。所以要完全废除这种无意识的举动，还得一面提倡妇女的娱乐方法。

积极的方面，我们可以为乡村妇女做的事，非常之多。今将荦荦大端的，列举如下：

1. 提高妇女的地位　中国妇女的一个根本问题，就是她们在社会里的地位。一般人的心理，总以为妇女是不如男子的。这多半由于旧日把妇女看做"赔钱货"，妇女处处是倚赖男人谋生活。又因为他们身体较弱，被累赘的家事捆住了，不得自由，那里能和男子竞争呢？所以我们一方面靠国家的法律来保障妇女的人格，一方面用各种方法，唤起社会的觉悟，解放妇女的一切压制与束缚，使她们有充分的机会，得运用她们的才能，与男子立于平等的地位。

2. 普及妇女的教育　妇女不能自立，皆由于缺乏知识的原故。"女子无才便是德"在今日是不应再用来欺骗人的了。我国乡村妇女的教育，尤属重要，因乡村人民失学的，已比城市多，乡村的妇女未受教育的，更多。妇女教育，为家庭教育的基础，必须提前解决。先从识字教育入手，继以常识及公民教育，使她们最低限度有共和国民的资格。至于经济状况较佳的乡村，对于不出学龄的女孩，应实行强迫义务教育，以防失学于未然。

3. 推广妇女的职业　乡村妇女经济不能独立，终身倚赖别人生活！所以有"在家从父，适人从夫，夫死从子"的话，一辈子从人罢了。要使妇女有优美的生活，必须为她们设法多谋生活的途径。现在乡村家庭工艺，如编草帽，织袜子等，已有人提倡。若将来乡村合作事业发达，还可设立妇女习艺所，妇女工厂等，发展她们生产的能力。此外再在各处设立妇女职业指导所，与他们明确的指导，使能就各人所长去做事。

4. 促进妇女的道德　我国城市妇女自解放后，多走极端，什么婚姻自由，恋爱自由，不是与父母翻脸，就是与丈夫吵闹，不但家庭弄得不和，社会也闹得不宁。这种现象，确是压制后的反响。乡村素来是被旧礼教束缚住的，但近来物质文明渐渐地输入乡村，青年男女，受了种种激刺和影响，行动的放纵，生活的奢侈，是免不了的。所以我们不能不设法预防，以免有过与不及之弊。一面奖励朴素，一面检查不良之活动影片荡调淫曲等等，严格取缔；再组织乡村少女团，德业会，家庭游艺会，妇女歌咏队等，作积极的精神修养，和正当的娱乐指导。她们自然便可入于正轨，不致于盲从城市的恶习了。

最后什么人去帮助乡村妇女呢？现时为乡村社会谋改良的机关，倒也不少，但是我觉得最与乡村妇女接近的，莫过于女青年协会。近年来，女青年协会已经大大的觉悟，改变从前专在城市工作的方针，把她的人才和经费，慢慢的移到乡村里去。三年前，她们成立了一个乡村部，聘请专门人才，从事乡村的工作，在河北省的昌黎，山东省的福山，和广州奉天的附近，都设有实验区，积极进行，成绩昭著。她们组织的方法最是精密，服务的精神最是充满，信仰的心志最是坚固。前途的希望也最是伟大。她们抱定造成全人的标准，对于乡村妇女的德智体灵各方面，都顾得周到。她们的目的和成功，可以从该会乡村部主任黄福英女士说的一句话看出，就是"中国乡村妇女的体量，勇气和信仰，要与女青年协会的全体化合；现在她们的热忱和彻悟，已经渐渐地获得新的生命了"。（"The strength courage and faithfulness of the country Women of China shall be woven into the whole of our National Young Women's Christian Association and already they are bringing new life because of their enthusiasm and appreciation. " —Josephine A. Brown, "With the Y. W. C. A. of China," the Green Year Supplement, Y. W. C. A. of China, Rural Number, May, 1929.）

女青年协会对于乡村妇女的责任，我们当然要承认为极其重大的。我们也要馨香祝祷她们的努力和成功的。

为国立北京师范大学拟改进
中国乡村教育计划书

（此计划书系民国十四年冬所拟，送致中华教育文化基金董事会请款者）

乡村教育在中国今日各种教育问题中，占一重要位置，原因有五：

一、中国人民百分之八十以上在乡间，故乡村人民之教育，应较城市人民之教育尤为紧要；

二、中国自古以农立国，农业的盛衰，关系国家的经济与人民的生计。现时农业颓败，皆由农民缺乏良善教育之故；

三、中国乡村社会之经济状况殊不满人意，急应采用欧美之乡村合作社等组织，但人民知识程度若不提高，社会经济万难改良，故乡村教育乃乡村社会经济状况之先决问题也；

四、乡村教育久因漠视而落于城市教育之后，教育均等机会竟不能实现。民国而有此畸形之教育，实与民治主义教育的原则大相违背；

五、乡村人民之生活环境与城市人民不同，故乡村学校之教材，教学法，视导法，管理法等，均应以科学方法特别研究，始能适应乡村人民之需要。

吾人既知乡村教育之重要，及中国乡村教育之窳败，不能不速筹补救改进之方，而乡村教育各项问题中，尤以训练乡村师资及改良乡村小学为最要。国立北京师范大学，为中国最高之师范学府，对于乡村师范人才及乡村小学教育，负有特别训练研究之专责，不能委卸或旁贷者也。当前校长范静生先生在校时，已有添设乡村教育科之计划。去冬该科成立后，定为初等选科学程，总纲为"乡村教育"，即乡村教育大意，及普通乡村教育原则也。本学年此科改为高等学程，总纲为"中国乡村教育问题"，即研究讨论中国现时急待解决之乡村教育各项实际问题也。今冬，该科学生发起一乡村教育研究会，目的为：（一）讨论研究中国现时乡村教育各项问题，补助课室之不逮；（二）翻译介绍中外关于乡村教育之重要著作，为全国教育家之考镜；（三）调查中国乡村教育之真况，俾便谋改进之方；（四）搜集并编辑关于乡村教育之各种材料；（五）提倡"乡村生活改良运动"，以乡村学校为改良之中心。

现时本校乡村教育科虽已成立，但因经费缺乏，于实地试验一方面，毫无设备。本校既为全国最高师范学府，对于本校学生应有实习训练的机会，方不致蹈空泛理想之病，对于社会应有标准模范的工作，裨有取法仿效之处，故本校对于乡村教育，拟在北京附近设立实验乡村师范，模范乡村小学各一所，并与京兆教育科接洽，将实验所得结果，先就京兆各县实施改良。乡村师范学校所造人才，即先在京兆各县试行服务，以为各省区乡村教育改进之先导。今将实验乡村师范及模范乡村小学办法及计划，撮要说明于后。

一、实验乡村师范学校

（甲）宗旨　本校宗旨在实验适于乡村生活之各种教育上之实施方法，并培养改良乡村教育及改造乡村社会之师资人才。

（乙）校址　设校地点以在乡村为宜，京东之通县；京南之长辛店，琉璃河，良乡县；京西之门头沟等处，均可择一为校址，因靠近铁路，交通方便也。

建筑地十亩

学校园及农场三十亩

运动游戏场五亩

以上共需地四十五亩，假定每亩地价六十元，共需二千七百元。

（丙）校舍　校舍建筑务求与乡村环境相同，经济而坚固，且合于卫生及科学原则。假定第一年招生一百名，以五人同居一室，须备宿舍二十间。

宿舍二十间每间一百元　共计二千元

教室二大间每间四百元　共计八百元

工艺室一大间四百元

试验室一大间四百元

图书室一大间四百元

招待室一小间一百元

办公室二小间每间一百元　共计二百元

庶务室一小间一百元

教员宿舍四小间每间一百元　共计四百元

饭厅一大间六百元

厨房二间每间一百元　　共计二百元

校役宿舍二间每间一百元　　共计二百元

储藏室二间每间一百元　　共计二百元

浴室二间每间一百元　　共计二百元

厕所二间每间五十元　　共计一百元

水井一个一百元

以上各项建筑费共需六千四百元

（丁）校具

宿舍设备　　共计五百元

饭厅设备　　共计二百元

课室设备　　共计二百元

工艺室设备　　共计三百元

试验室设备　　共计一千元

学校园及农场设备　　　共计二千元

运动游戏场设备　　　共计二千元

各项需用杂器如油机印等　共计一千元

以上各项设备共需七千二百元

（戊）图书

图书开办时需　　　五百元

（己）职员

校长一人　　　年俸一千二百元

专任教员四人每人年俸九百六十元共计三千八百四十元

实习教员若干人由师大乡村教育科学生兼任不支薪

书记兼会计一人　　　年俸六百元

庶务一人　　　四百八十元

农工二人每人年五十元　　　一百元

校役三人每人年一百元　　　三百元

以上共需六千五百二十元

（庚）杂费

文具用费　　　二百元

邮费　　　一百元

修理费　　　四百元

灯火费　　　二百元

图书室经常费　　　五百元

杂支　　　一百元

以上共需　　　一千五百元

总计实验乡村师范学校，共需经费二万四千七百二十元。

二、模范乡村小学

本校拟设模范乡村小学一所，附属于实验乡村师范学校内。

（甲）宗旨　模范乡村小学的宗旨，在实验乡村小学之课程，教材，教学法，视导法，管理法，并以学校为改良农业及乡村生活之中心，同时并为实验乡村师范学校学生实习之用。

（乙）校舍

建筑地十亩　　　　六百元

（丙）建筑

教室二间每间三百元　　六百元

手工室一间　　　三百元

试验室一间　　　　　　三百元

图书室一间　　　二百元

办公室一间　　　一百元

宿舍十间为八十名学生之用每间住八人每间一百元　　一千元

教员宿舍二间每间一百元　　二百元

厨房二间　　　　二百元

食堂一间　　　　五百元

门房一间　　　　一百元

存物室一间　　　一百元

浴室二间　　　　二百元

厕所二间　　　　一百元

井一　　　　　一百元

以上共需四千元

（丁）设备

教室设备　　　　二百元

宿舍设备　　　　五百元

食堂设备　　　　二百元

手工室设备　　　二百元

试验室设备　　　五百元

图书室设备　　　三百元

各项杂费　　　　五百元

以上共需二千四百元

（戊）图书

图书开办时需　　　二百元

经常费　　　一百元

以上共需三百元

（己）职员

校长一人由试验乡村师范学校校长兼任不另支薪

教员由师范大学乡村教育科及试验乡村师范学校学生担任不支薪

手工教员一人暂由试验乡村师范学校手工教员兼任不另支薪

农事教员一人暂由试验乡村师范学校农事教员兼任不另支薪

书记兼会计一人　　四百八十元

庶务一人　　四百八十元

校役三人　　三百元

以上共需一千五百元

（庚）杂费

文具用费　　二百元

邮费　　一百元

修理费　　四百元

灯火费　　二百元

杂支　　一百元

以上共需一千元

总计实验模范乡村小学，共需经费九千八百元。

实验乡村师范学校，及模范乡村小学两处，共需经费三万四千五百二十元。本校希望中华教育文化基金董事会，由美国庚子赔款余额中，将此款全数补助。因现时中央政府教育经费罗掘已空，积欠累累，万难再有余力顾及此事，故此计划，非有他项专款，不能实行，并望自民国十六年起，每年拨给一万零六百二十元，为常年经费，以五年为期。此后继续补助与否，五年后看成绩如何再定。总之，乡村师范与乡村小学之试验，为改良乡村教育之先决问题。

此计划范围不大，所费不多，且为改良乡村教育不可再缓之要图。本师范大学为今日中国独一无二之最高师范学府，对于乡村教育之提倡，关系全国甚大，幸勿以普通一般要求补助款项者视之，幸甚！

我国农村社会改造的途径及方法

现时我国教育界和社会服务界,有一种共同的趋势。这种趋势的表见,可从他们正在努力的事业看出。这种事业,在他们的眼光里,是解决我国一切问题的根本问题,——就是我国农村社会的改造。

为什么我国农村社会要改造呢?若是农村社会不改造,农村人民的生活,便不能改善,农村生活所依赖之事业——农业——更不能改良。

为什么农民的生活必得改善?农业必得改良呢?这话说起来就长了。这里,我只能简简单单地把几个要点指出来。

第一步,我们先要承认中国是一个以农立国的国家;农民占全国人民百分之八十以上;农业是我国经济命脉所寄的事业;农产品是我民族衣食住,和工商业一切原料的来源。若是农业不发达,农民的生活不满足,我国立国的基础便不稳固,我民族的生存便发生了莫大的危险。

第二步,我们问一问,现时我们农民的生活如何?我国的农业如何?满足不满足?发达不发达?这个问题,似乎可以不必回答,因为我们早已得到一种普通的印象,就是我国农民的生活非常痛苦,我国农业非常衰败。我们可以引用些事实,来把这种印象证明一下。

一、从农户和耕地方面观察

(1) 现时我国农民约五千万户,每户以六口人计算,共约三万万人。

（2）现时我国农户中，自耕农只有半数，余为半自耕农，佃农和雇农。

（3）现时我国农户多半是小农或贫农，因为不到十亩耕地的农户占百分之四十。

二、从农产和粮食方面观察

甲、主要农产——米和麦

（1）米——我国向称世界产米之邦。但是近年输入的米量日益加增，输出的米量日益减少。从民国元年到现在，每年外国输入的米，总是超过我国输出的米。民十六，入超于出共二千一百余万石。

（2）麦——自民元到民十一，每年输出的麦都是超过输入的。民十一以后，每年都是入超于出。民十六，入超于出共一百余万石。

乙、农业副产——丝和茶

（1）丝——我国丝的产量，向称第一。但近年来一天比一天减少。民十四，日本丝的产量，竟比我国多三倍。最近上海无锡二百余家丝厂，均因销路停滞，大受影响。

（2）茶——我国产茶，素来甲于世界。五十年前，茶的输出价值，占对外贸易总额百分之四十三。此后逐年衰落，十年前，只占对外贸易总额百分之三，比印度的茶产量少两倍，比锡兰的茶产量少一倍。

三、从一个省的情形观察

浙江是我国富庶的省份，但是浙江有四百八十多万人没有饭吃。何以见得？浙江人口共二千万，每年出产米共三千八百八十五万石。据农业专家估计，每人每年需米约二石五斗，照此计算，浙江省的米，只够一千五百多万人的粮食。余剩四百八十多万人，没有饭吃。浙江如是，其他各省粮食缺乏的恐慌情形，可想而知。

四、从一个县的情形观察

无锡是江苏省最殷富的县，无锡农民的经济状况如何？据某农业专家调查，无锡农人平均每家每年生活费，需用二百七十四元，但各项收入每年总计只有二百三十四元。全年出入相差，不敷四十元。无锡农民生活情形如此，其他各县农民经济的困窘，更无须说了。

（注）以上所引统计，根据前北京政府农商部的报告，现时国民政府农矿部的报告，立法院统计处的报告，财政部经济讨论处的报告，和历年海关的统计报告。

以上的观察，给我们一个概念，就是我国农民的生活，并不满足。不但不满足，大多农民的生活，还非常痛苦。农民的生活不改善，农业也无从振兴；农业不能振兴，我们国家的基础便不稳固；我们民族的生存，便有危险。若是我们彻底地振兴农业，改善农民的生活，必须改造整个的农村社会。

从各方面看来，农村社会的改造，是非常的重要，也是非常的急切。所以现时我国教育界和社会服务界，都十分注意这个问题；并且已经有几个机关，十分地努力进行这种事业。据我知道的，如中华职业教育社在江苏徐公桥的工作，平民教育促进会在河北省定县的工作；教育改进社在南京晓庄和燕子矶的工作；青年协会在苏州唯亭山的工作；燕京大学在北平西郊清河镇的工作；江苏省立教育学院在无锡附近各农村的工作。这几处工作，最早不过五年，可以说都很幼稚，虽然每处都有一点成绩，但是还看不出什么结果。

这种改造农村社会的事业，应当怎样进行呢？根据现时各机关在各地的工作，可以分三方面来说。

一、从什么活动去出发？

"出发"就是说事业的初步应当怎样做起。关于这一点，各机关的主张不一致。总起来说，共有五个不同的主张：

（1）有主张从文字出发的，如举行识字运动，巡回书库，及刊行壁报，周报等。

（2）有主张从生计出发的，如推广农业科学方法，举行合作运动等。

（3）有主张从卫生出发的，如举行清洁运动，拒毒运动，卫生展览等。

（4）有主张从政治出发的，如利用各种纪节日，举行各种公民活动等。

（5）有主张从娱乐出发的，如提倡正当消遣方法，介绍户内外游戏，举行联欢会，恳亲会等。

这五种不同的主张，到底那一种效力最大，也很难说。因为出发之后，有效力没有效力，必须受四种势力的支配。这四种势力是什么？

（a）施教者的心理　主张从什么活动出发的人，对于这种出发的活动，必有充分的兴趣和信仰。那末，兴趣浓厚，信仰坚固的人，必能对他的工作十分努力。有相当的努力，必可获相当的成绩。

（b）受教者的心理　出发的活动能否生效，必须根据本地人民的心理。凡他们所欢迎的，同情的，了解的，自然可以得着他们的好感；若是他们反对，怀疑，误会，便得不着什么效果，或反生出恶感来。

（c）地方的特殊需要　一种出发的活动，在甲地相宜，在乙地未必适用，因为一个地方有一个地方的特殊需要。所以出发之前，必先考查本地的需要是什么，然后对症下药，自然可以见效。

（d）出发的时期　时期的不同，于出发活动也有影响。因为社会是活的，不是死的，是随时间变更的；人民的心理，地方的需要，也都跟着变更。所谓"此一时也，彼一时也。"所以出发的活动，不可永远只是"一套把戏"，也必须有时间性。

二、用什么机关作中心？

所谓"中心"，就是各种活动的焦点。换言之，就是各种事业，都认定一个地方作大本营和司令部。现时提倡农村社会改造的机关，都选定一个地方作实验。这种实验，叫"集中实验"或"中心实验"。中心实验的地方，都有一个"中心机关"，这种"中心机关"，也是各处不同，约有下列各种：

（1）以农村改进会作中心机关，如中华职业教育社在江苏徐公桥镇的工作。

（2）以农村小学作中心机关，如从前教育改进社在南京晓庄及燕子矶小学的工作。

（3）以平民学校或民众学校作中心机关，如平民教育促进会在河北省定县的工作。

（4）以合作社作中心机关，如华洋义赈灾救总会在华北各省的工作。

（5）以农民教育馆作中心机关，如江苏省立农民教育馆在南京汤山的工作。

（6）以茶园或图书馆作中心机关，如江苏省立教育学院在无锡附近一部分的工作。

这些不同的中心机关，都是已经实验过，或是正在实验中的。可以作"中心机关"的机关，而还没有实验过的很多很多。到底那一种机关最妥当呢？也如同出发活动，不能定出什么条例来；也是要受上述四种势力的支配。

三、用什么方法去进行？

进行的方法，各处也不一致，可分为以下五种：

（1）强迫式　这种方法，只有官厅能采用。凡是希望普遍推行，或是希望办法一律的都非用此法不可。现时政府对识字教育，和注音符号，就打算用这种方法。

（2）劝导式　这是最普通常见的，还可分为个人劝导，与团体劝导。个人劝导，须挨门挨户去找人谈话；团体劝导，可集众演说，或组织游行讲演团等。又可分为口头劝导，与文字劝导。口头劝导，即用讲演或谈话；文字劝导，则用各种文字宣传方法，如壁报，传单，小说，歌曲，丛书等。

（3）利诱式　普通一般民众，都是贪图一点便宜，所以利诱的方法，也很有效。如提倡识字，则赠送书报；推广农业，则散给种籽等等。他们因为想得着这些利益，不能不来受教，不知不觉地便"入在彀中"。

（4）感化式　有的人深信要使农村民众改善他们的生活，必须拿人格来感化他们。一切提倡的工作，如卫生，娱乐等，都要以身作则，做他们的榜样。同时再与他们作亲密的友谊联络，等到他们的疑虑尽释，信仰坚固，自然容易采纳关于生活改善的意见了。

（5）示范式　这种方法，就是根据一般人"眼不见不信"的心理。农村人民多疑，是我们知道的，所以要希望他们听我们的话，恐怕很难。而且他们的知识程度既不高，也不容易明白我们介绍的方法。所以有时候，要做一个给他们看，从头至尾，一步一步地，使他们在旁边观察。尤其是推广农业科学方法的时候，必须叫他们亲眼看见这种方法的结果。若是果真比他们的旧法好，他们自然愿学了。农业表证场，卫生展览会，模范家庭等，都是示范的方法。

以上所说的五种进行方法，各有利弊。有时或者几样方法合并起来去做。到底那种方法比较好些，也很难说。当然也要根据民众心理，地方情形，时期变迁，方不致生出弊病来。

现时改进农村社会的实验机关，对于出发活动，中心机关，进行方法，虽然各有不同的主张，但是他们的目标都是一样。而且他们有一个共同的希望，他们的希望是什么？就是希望农村民众能够了解他们所做的工作，和实行他们提倡的各种改进事业。但是要农村民众能了解和实行，必须两个条件：（1）他们必须有相当的教育程度，（2）他们必须有相当的经济能力。无论那个实验机关，工作范围的大小，和事业进展的速度，必须与这两个条件为比例。换句话说，就是宁可在农村民众教育程度和经济能力范围之内去做，万不可超过这个范围。因为他们的教育程度不够了解的事，或是他们的经济能力不够实行的事，都是白费力量，得不着效果。

再进一层说，为什么要希望农村民众能了解，能实行呢？因为能了解才能自动；能实行才能自助。不能自动，便是被动；不能自助，便是被助。被动的教育，是奴隶式的教育；被助的教育，是慈善式的教育。这两种教育，就是帝国主义与资本主义的变相，应当在打倒排除之列。

农村社会改造的事业，是多么的重大和多么的困难。现时虽然有几个机关在努力这种事业，但是他们的事业都很幼稚，一时还说不到什么成绩。因为这种事业是慢性的。一年半年，绝看不出什么功效。至少要十年八年，甚至三五十年，才可以得到一个结果。在这继续努力的期间，我觉得有四个要点值得大家的注意：

一、改造农村社会既已被一般人士认为急切不可缓的事业，我国教育机关和社会服务机关，应当都把这件事作为他们主要的工作去做。但是现时除中华职业教育社，平民教育促进会，江苏省立教育学院，青年协会几个机关外，别的机关，似乎还没有认识她的重要。

二、已经从事于农村社会改造的机关，最好对于一种工作特别努力，彻底的研究，不但事业的范围不致太大，容易得着成绩，而且各机关彼此也可互相观摩。

三、改造农村社会的事业，困难甚多，实验的机关，必须抱有坚决的志愿，贯彻他们的主张，这种事业方能持久。若是偶然发生阻碍，便灰心丧气，则惨淡经营的工作，必致半途而废，岂不可惜！

四、改造农村社会的机关，必须互相联络，交换意见。凡已错误之事，大家都应避免，凡有成效的事，大家都可仿行。这样人才，经费，时间各方面才不致有种种不经济的地方，进步也必定迅速。但是现时在这种事业上努力的机关，似乎门户观念太重，有点各行其是的样子，这是大家应当警惕而改善的。

本文主要参考书

1. 《徐公桥》，江恒源著，中华职业教育社印行。

2. 《华北试验区工作实况》，冯锐著，中华平民教育促进会出版。

3. 《在晓庄》，程平海著。

4. 《燕子矶小学》，丁兆麟著。

5. 《黄巷实验区》，江苏省立教育学院出版。

6. 《民众教育实验第一次第二次第三次报告》，同上。

7. 《改造旧农村》，苏州青年会农村事业丛刊第二号。

十九年，十一月，于无锡

美国最近乡村教育的调查及推断

我还记得一九二一年，我正在美国康奈尔大学（Corhell University）求学的时候，纽约省举行了一个全省乡村学校总调查，康奈尔的乡村教育系主任渥克司博士（Dr. G. A. Works）被聘为此项调查委员会的主席，此外又请了许多乡村教育专家，如巴特渥司（Butterworth），克鲁斯（Kruse），达因（Dunn），格兹（Gates）等为该会委员。这个调查经了一年之久，才算告成。调查所得的材料，又经过许多教育专家如贾德（Judd），巴比提（Bobbitt），柏利谋（Brim）等的审查评论，然后编成了一部报告书。此书原名 Rural School Survey of the New York State，共分八册，可称为乡村教育空前的伟大出版物。

这部书的价值，在能将美国乡村学校的实况，赤裸裸地和盘托出来，使一般教育家明了乡村教育的缺点和疹结，而知所以解决的途径。自此书出版之后，美国各省的教育当局，及各地的教育团体，都认乡村学校调查，或与乡村教育有关系的调查，是一种最需要最急切的工作。

我在一九三〇年五月出版的美国师范大学学报（Teachers College Record）上，看见一篇文章，是该校乡村教育教授贝翁莱氏 Edmund De S. Brunner 著的。贝氏这篇文章里所说的，是关于最近美国乡村教育方面的调查。我细细地读了一遍，觉得其中可为我国借镜之处甚多，所以不揣拙陋，用我这支笨笔来把这篇文章的大意，和特别有精彩的地方，写些出来，并参加些我个人的意见，介绍与研究乡村教育的人，作为参考的材料。这篇文章的原名是 Implications of Recent Surveys for the Rural School。

贝氏所说的美国最近乡村教育调查的材料的来源有三：

（一）第一种材料来源，是美国中央调查局一九二五年的农业调查。此调查甚为精密，各县农民人口，均有详细统计，使乡村学校教师知乡村受教人数之比例。一九三〇年或有更精密的调查，把全国各乡村的人口都统计出来。但调查局所贡献的材料，尚不止此。最有价值的，是把乡村人口的增加或减少，与乡村学校受学及出席人数的关系，作相当的推断和解释。

（二）第二种材料来源，是培奈尔氏的各农业大学研究。（Purnell studies of the varlous colleges of agriculture）这个研究，是由美国中央政府供给费用，关于乡村问题讨论甚多，如乡村教育税收与学校经费，乡村学生的饭食与营养，职业的选择，闲暇时间的利用，乡村青年对于生活的态度欲望计划等等。

（三）第三种材料来源，是各社会机关的调查，如儿童协会（Children's Bureau）关于乡村儿童的劳工研究，社会宗教研究所（Institute of Social and Religious Research）关于农村中外国移居之农民及其子女生活情形的调查等，均有参考的价值。

从这几种调查的材料里，贝氏特指出社会宗教研究所调查所得的几个事实。据说在一百四十个乡村中学里，[①] 有百分之四十五的学生，是从乡下来的。若连乡村联合中学的学生算在内，全体学生的百分之五十一，是农家子女。就是在纽约及彭沙温尼亚 Pennsylvania 两省的乡村小学里，也有四分之一的学生是从田间来的。[②]

[①] 美国的农村，与中国的村庄不同。美国的农人是散居的，不是聚居的。他们所谓村，多半不是农民住家的地方，乃是贸易的地方，与中国的镇集相仿佛。这些农村里，有许多不但有很完备的小学，而且有中学。

[②] 美国乡村小学，为便利农民起见，多半是没有村庄的野外设立。这种小学的教师，多半程度很低，设备也不好。村镇里小学，比野外小学的教师和设备都好得多。近年来，因乡村道路改良，野外的小学，多有合并数处为一个联合小学者，规模比村镇里的小学，又要大些。

在南方各省，田间来的学生，有占全数三分之一者。

在此一百四十个村区中，小学生有五分之二在野外学校中上课。此种野外学校的教师，有五分之四受过师范训练，十二分之一是大学毕业生。但具有大学资格的教师，多在联合小学或联合中学内授课。村中学校与野外学校比较，仍以村中学校教师的资格为优。

美国乡村青年离开田野向城市里跑的趋势，到现在仍然很盛。美国教育家为挽回此种趋势起见，特在乡村中学的课程里，注重农业一门科目，希望乡村青年认识农业的重要，并引起他们对于农业科学方法，农业经济，及农业组合的兴趣，但是有的乡村中学，因为学生的要求，竟将农业改为商业的。这里也可看出美国一般乡村青年的心理和趋向了。

在美国西部各省人口较少的村镇里，——五百至一千人，乡村中学仍然保存农业一门科目。在人口较多村镇里，——一千至二千五百人，则多将农业取消。这种情形，自然是因为小村镇接近农民些，不得不注重之，以适应农民的需要。但在东部某省一个三十万人口的城市，和几个十万人口左右的城市里，中学也有农业。选习此科的学生，毕业后，多以输运农产物，贩卖果品，和经营乳酪场为职业。这也可见美国东西两部情形不同的地方。

美国乡村中学学生毕业后的趋向，值得我们的注意。在社会宗教研究所调查的一百四十个农村的中学里，有一半学生毕业后升入别的学校，其中有八分之一升入商业专门学校，其余八分之七升入大学和师范。升入大学的学生，每七人中，只有一人入农业大学，或大学农科。

这样看来，美国乡村中学在预备大学学生的方面，并不弱于城市中学。据一九二〇年美国中央调查局的报告，在城市的地方，十八至二十一岁的男学生，只有百分之十五，同年龄的女生，只有百分之十三，在学校肄业。按此种年龄的学生，应当在大学里了。但在上述的一百四十个农村里，此种年龄之男女学生，各有百分之二十七在大学。此点可证明乡村青年升入大学的，或竟比城市多一倍。现时美国城市中学，多半不注重预备学生入大学。某大城的教育局长曾对人说："我们应当预备学生去生活，不应当预备他们入大学。"但美国的乡村中学，则不得不仍注意升学的预备，以适应环境的需要。因至少有半数的学生，有升学的要求与欲望也。

还有一点值得我们的注意，就是由上面的调查推论，若是乡村中学的毕业生，升入农业大学者甚少，则农业一门科目，在乡村中学的升学预备课程里，似乎不占重要的位置，选习此门科目的学生，多半不是为升学，乃是为毕业后回到田间去的。

这些事实和推论，当然引起一般教育家的疑问："现时乡村中学里的学生，准备将来选择何种职业"？此问题曾经某教育机关调查，在答复此问题之数千乡村中学学生中，男生将近三分之二，准备从事一种工程，五分之一，准备务农，其余多半准备入商界。女生的选择范围更小：半数以上，愿做教员；十分之三，从事商业；八分之一，准备作看护；准备其他各种职业者，只有百分之六。

大多数乡村中学的女生愿做教员，是否由于他们羡慕这种职务，或者因为他们对于女子在社会上的出路和机会，尚缺乏明了的认识。无论他们的动机是什么，乡村中学是否应设师范科，是一个待决的问题。现时美国各省教育当局，对于这个问题，虽然尚没有具体的办法，似乎已有顺从这种需要的趋势。

还有一点，我们不可不知，就是在美国的乡村中学里，不但学生的择业范围很窄，而且有许多学生，对于个人前途，似乎不敢决定。这样，择业指导，在美国的乡村中学里，似很是需要。但乡村中学多限于经济能力，不能如城市中学之设备周到。贝氏提议利用课外活动或朝会，来做此种工作，务要使学生知廿世纪的世界中的各种职业，以扩大他们择业的眼界。

美国乡村学校的经费，多半由当地人民供给，所以课程的改革，与经费常有连带的关系。据社会宗教研究所的调查，凡家庭经济指数低的农村，多半不能送小学毕业之子弟入中学，亦不能在村内添设学校看护事业,与图书馆;而家庭经济指数高的农村,则多半给教员较高的薪金,并有较好的设备。

美国的乡村学校,既然靠"纳税者"来维持,所以美国乡村教育的改进,必须依据乡村人民的经济能力。虽然有时候用劝导方法,可以勉强添修一所房子,或是添设一门科目,但是据贝氏的意见,到底不是一种根本的办法。他说:"从来乡村学校的改善,多是理想之谈,只就改善的事业的本身去着想,而不就人民的能力和需要去着想,此后应多注意时代与经济,因此二者与乡村教育有密切之关系也"。

美国农村经济状况,当然比中国好。但美国的农业若与其他职业比,仍不算好,所以美国的农夫,仍不满意他们的生活。此种情形,可从美国乡村中学学生探讨出来,因为他们多半不愿意回到田间去工作。凡有问及他们毕业后有无回乡服务的志愿,他们的答案,多半是反面。此种情形,更可证之于离乡趋城的运动。据美国农业部调查,在最近十年中,离开乡村的人民,共有一千五百万之多。此数均系乡野的农夫直接奔往城市者,村镇的人民尚不在内。此种离乡趋城的运动,依贝氏观察,由于美国近年来农产品增加,食粮充足的原故。等到城市人民过多,乡村人民过少的时候,则消耗者多,生产者少,食粮必感不足。那时,自然这种运动便改变了方向,离城趋乡了。

美国的乡村学校,不曾注意这个问题吗?他们没有把乡村的利益和优点,尽量宣传吗?贝氏以为人口的移动是一件有益的事,因为这是人口兴盛的表征。但是他说:"若是人口移动只为解决生活的不满,这种移动,便成为社会的摇动。"所以他觉得这个问题,乡村学校绝不能漠视,应当详细地审查,郑重地考虑,因不只关于课程中一门科目的增减,乃关于整个的教育原则和目的的决定。总之,乡村教育若以服务乡村人民为依归,便不致有削足纳履的弊病了。

我读完贝氏的这篇议论,发生了几个感想:

一、美国教育家对于乡村学校的改进，殚精竭思，从各方面搜集事实，并根据调查统计的材料，为改进的标准，所以现时美国的乡村学校，与城市学校相差无几。我国乡村教育，至今仍无具体办法，与城市教育相较，相去甚远。

二、美国乡村教育的问题，已由小学到中学。现时美国大村镇，都已遍设中学。我国乡村小学，至今尚未普及，即县城之有中学者，也不数觏。所以我国教育，比美国教育，至少差一个学级。

三、美国教育家最注意的问题，就是离乡趋城运动，有的人主张保留青年人才于乡间，有的人主张任其自由行动。总之，此种社会病态，颇影响乡村的繁荣，且于乡村学校的教育方针和课程组织，发生问题。

四、我国的乡村教育，虽然尚未发达到美国的地步，但是美国乡村教育的过程和问题，我国似乎也不能避免。产业革命后，城市与乡村生活苦乐之不均，各处皆然。离乡趋城的运动，我国今日也已发见。不过我国乡村人民安土重迁之心，比美国乡村人民为甚，此问题或不致如美国之重大耳。

设立乡村图书馆须知

（一）宗旨　使乡村民众学校及乡村小学毕业生，与一般有相等或以上程度之乡民，有读书之所，继续研究，以发展其天才。

（二）名称　设在某村，即名某村之图书馆。倘由某人独立捐资创办，应即以某人名字名馆，借作纪念。

（三）馆屋　如村中有小学或民众学校，即可附设在小学或民众学校内，或借庙宇祠堂亦可，如能单独建筑馆屋尤佳。

（四）经费　创办图书馆，须有相当经费，始能着手。经费分两大类：1. 创办费，2. 经常费。经费来源方法有二：1. 请地方政府或教育机关担任，2. 向私人捐募。若所费甚巨，一村力不能胜，合数村之力经营之亦可。

（五）组织　如系单独设立之图书馆，应设馆长一人，馆员一人或二人。如系在小学或民众学校附设之图书馆，可设管理员一人或二人，请小学或民众学校教师兼任，不另支薪。

（六）内容　图书馆应包括1. 书籍，2. 杂志，3. 报纸，4. 图画，5. 标本，6. 模型等项。

（七）选择图书　选择图书，须以适合本地社会，及一般农民之需要及程度为标准。选定后，再行购置。

（八）捐募图书　经费固可捐募，图书亦可捐募。凡各大书局，各报馆，各学会，各教育机关，各著作家，以及富有藏书之私人，均可请其捐助书籍。若私人图书不愿捐助者，则向其借用，由图书馆妥为保管。

（九）分类　图书可分以下各类

1 文学　2 教育　3 历史　4 地理　5 政治　6 法律　7 经济　8 社会　9 数学　10 物理　11 化学　12 工业　13 农业　14 商业　15 生物　16 矿物　17 天文　18 地质　19 卫生　20 军事　21 艺术　22 交通　23 语言　24 丛书　25 杂志　26 新闻　27 杂书

（十）排列　依照上列各类，分类排列，各不相混。

（十一）编号　一册图书应有三种符号：（甲）为分类符号，如文学为第一类，教育为第二类等是。（乙）为图书号数，如在哲学类中，此册图书应在第一号或第二号等是。（丙）为登录号数，即在图书馆全部图书中，记入何号是也。编号既竣，将三种符号写于下式纸上，黏在书面或书脊下边，以便检查。

| 文 | 7 | 25 |

上图第一行之文字，为分类符号，即此书在文学类中。第二行7字，为图书号数，即此书在文学类中列在第七号。第三行之25字，系指明此书在全部图书中之号数。

（十二）目录　图书目录应将分类符号：图书号数，登录号数，册数，著作者出版处，出版年月，分别详细载明。

（十三）借书单　借书单约如下图。

借书单背面，可印借书条例数则

书名	分类符号	图书号数	册数
姓名	住址	年 月 日	

（十四）借阅手续　图书分借出及不借出二种。借出图书，借者须有相当保证，时期至多不得过二周。如须续阅，可再续借。到期前二日，先由图书馆通知，倘不送还，应即罚款示儆。不借出图书，只能在馆中阅读。所谓借出及不借出之标准，如 1. 贵重书, 2. 参考书, （字典，辞典，百科全书等）。3. 新买图书, 4. 某时期中公共需阅之书, 5. 当日报纸, 6. 本期杂志等, 均不借出。其余皆可借出。惟无论借出馆外，或在馆阅读，设有损坏，必须照价赔偿。

（十五）保存　图书有二大劲敌，即潮湿与蠹鱼是。故陈列图书之处，应空气流通，地位高燥。每年应曝晒一次或数次。又书架上须多置樟脑，以防蠹鱼。

（十六）阅览室　馆中应设阅览室作阅读之用，并陈列报纸字典，辞典，标本，模型等，供人阅览及参考。如馆址宽大有余屋，应另设儿童阅览室。

（十七）藏书室　图书本应另在一室，若图书既少，又无房屋，则只能与阅览室合而为一矣。

（十八）指导处　来馆阅览者，如有不认识之字，及发生疑难时，可赴指导处询问。担任指导之人，对于各种学问，各种常识，均应稍知一二。惟此等人才，在偏僻乡村之地，甚属难得，故指导处只能尽力为之而已。

（十九）卫生　图书馆房屋，以光线充足，空气新鲜为最要。桌椅高低须适中，一切须清洁。

（二十）设备　设备务求质朴秀雅，且使人一见即生美感，有愿意常来，来则不忍去的心理。

（二十一）时间　阅览时间，三、四、五、六、七、八、各月，每日上午八点至十二点，下午两点至六点，晚间八点至十点。九、十、十一、十二、一、二、各月，每日上午九点至十二点，下午两点至五点，晚间七点至十点。遇国庆及其他纪念日节日等，应举行展览或讲演。每年识字运动周，应筹办文字教育宣传。

（二十二）讲演　馆中应常请本地学者，学校教师，及经过本村之教育家或名人，来馆讲演。由馆召集全村人民，前来听讲。

（二十三）装订　报纸应一月装订一次，杂志应一年或半年装订一次，以备查考，且免散失。

（二十四）阅览费用　最好不收，万一因需用经费，必须收费时，亦应愈少愈好。

设立乡村公园的一个简便办法

（一）宗旨　培育美感，增进健康，养成正当娱乐之习惯，免作无益有害之消遣。

（二）名称　设在某村，即名某村公园。倘有历史或纪念关系，则园名上不必一定系以村名。

（三）园址　可择山边水涯，或本村风景幽绝之公地，作为园址，须尽力利用天然佳景，或名胜古迹。

（四）组织　事前先由本村领袖组织一筹备会，担任计划募款建筑等事。事后并须组织一委员会或董事会，负维持管理之责。

（五）经费　由筹备会向全村人民或他处热心社会事业之个人团体捐募，以一部分作创办费，一部分作经常费。经常费应存入银行钱庄或殷实商店中生息，为每月使用之需。至于本村中人之无钱可捐者，则请出力帮助建筑，布置公园等事。总之，务使全村人民均尽一份义务，盖此事关乎全村之幸福故也。

（六）建筑　公园四周，可用高粱秸子芦苇或竹子编成围篱。园内应建一座茅亭。亭中须备一石制棋桌及几张石凳。若觉石制者过费，则用老树桩代替亦可。再凿一小池，或利用天然水沼，畜养金鱼或其他鱼类。园中道路须曲折有致。沿路或在树阴下，多用土砖及石板支成凳子，以备游人小坐，此外则造一厅堂，为村中开会与举行喜庆典礼之用。余如花房，（或地窖）园丁住房，亦应各有一间。

（七）设备　一切设备以简朴素美为标准，必不可少之桌椅器皿，自须购置一二。俟经费充裕时，再行扩充。又秋千杠子，木马，浪桥，滑桥，球场等，经费倘甚充裕，亦应置备。

（八）树木　园内应多种树，如梧桐、杨、柳、松、柏、榆、槐等，均甚相宜。此外并应种植能结果实之树，如桃、李、杏、梨、枣之类。果实熟时，可以卖钱，作经常费之一部。

（九）花草　花草不必名贵奇异之品，但求芬芳美丽，及适于本地土壤者，即可。种类愈多愈佳，以一年四季有花开为原则。又四周离旁，可密栽有刺蔷薇及爬山虎之类，既可使篱坚固，又可平添无限风景。园内除道路外，应种细草，绿茵满地，更觉悦目。

（十）动物　凡乡间能觅得之动物，如八哥、猿猴、仙鹤、鹭鸶、鸳鸯、锦鸡、鹅、鸭、鸽、兔、蛇之属，均可尽量搜罗。其他奇禽异兽，款项充足，亦可随时增加。普通动物，除孔雀、猿、鹤等数种外，乡间均甚易得，不须多费也。

（十一）管理　由委员会（或董事会）负管理全责，另雇园丁一二人，司栽花，种树，洒扫，看守等杂事。如无钱雇人，则请村人轮流来尽义务亦可。

（十二）门票　最好不收。园中可以卖茶，卖茶赚得之钱，当可与门票收入相等，或且过之。万一必须收费，至多只能铜子一二枚而已。

（十三）规则　由管理人立定规则若干条，张贴入园处及园内注意之处。游园之人，均应遵守，以资保护而重公德。

附录　乡村生活及乡村教育参考书目

（甲）中文参考书目

一、关于乡村教育及农业教育者

1. 教育中心中国新农村之建设　王骏声编（商务）
2. 农村教育　顾复编（商务）
3. 乡村教育　储劲编（商务）
4. 乡村教育　喻谟烈编（商务）
5. 乡村教学经验谈　赵叔愚译（商务）
6. 一个乡村小学教员的日记　俞子夷著（商务）
7. 乡村学校的新理想　沈荣龄译（商务）
8. 乡村教育研究及研究法　潘公展等编（商务）
9. 乡村教育新论　古楳著（民智）
10. 乡村平民教育大意　傅葆琛著（商务）
11. 乡村学校设施法　古楳编（北京书店）
12. 村治与农村教育　江恒源著（中华职业教育社）
13. 农村教育丛辑（中华职业教育社）
14. 改进全国乡村教育宣言书（中华教育改进社）
15. 创设乡村幼稚园宣言书（中华教育改进社）
16. 乡村平民教育实施方法的商榷　傅葆琛著（中华平民教育促进会）
17. 推行乡村平民教育须知　傅葆琛编（中华平民教育促进

会）

18. 乡村平民教育之理论与实际　傅葆琛著（江苏省立教育学院）

19. 乡村民众教育概论　傅葆琛著（江苏省立教育学院）

20. 农村教育　傅葆琛著（世界）

21. 农村教育学参考材料　赵叔愚编（中央党务学校）

22. 乡村学校行政与辅导　李之鸥译（商务）

23. 国家主义与中国乡村教育　祝其乐编（中华）

24. 晓庄学校与中国乡村教育　杨效春著（爱文书局）

25. 考察江浙乡村师范教育报告书　陈良烈著（广东教育厅）

26. 单级教师之友　陈子仁编（商务）

27. 乡村小学　李映惠编（金陵大学农科）

28. 乡村小学的农业课程　李映惠著（金陵大学农科）

29. 为什么要办乡村平民教育　傅葆琛著（中华平民教育促进会）

30. 学生如何利用假期协助推行乡村平民教育　傅葆琛著（中华平民教育促进会）

31. 中国教育改造　陶知行著（商务）

32. 美国乡村教育概观　古楳编（中华）

33. 美国之农村教育及其设施　费谷祥编（新学会社）

34. 丹麦的农村教育　赵仰夫译（新学会社）

35. 中国农业教育问题　邹秉文著（商务）

36. 美国农业教育　徐正铿编（商务）

37. 改进中国农业与农业教育意见书　白德斐著（教育部）

38. 评"改进中国农业与农业教育意见书"　傅葆琛编（江苏省立教育学院）

39. 在晓庄　程本海著（中华）

40. 燕子矶小学　丁超著（商务）

41. 社会与教育（第十二章邻里与教育）　陶孟和著（商务）

42. 农村教育实施法（三民公司）

43. 新教育九卷四期乡村教育专号（中华教育改进社）

44. 中华教育界十六卷十期乡村教育专号（中华）

45. 教育与职业一〇三期农村教育专号（中华职业教育社）

46. 乡村丛讯（中华教育改进社）

47. 教育杂志（关于乡村教育各种论文）（商务）

48. 教育研究（关于乡村教育各种论文）（国立中山大学教育研究所）

49. 教育与民众（关于乡村教育各种论文）（江苏省立教育学院）

50. 地方教育（关于乡村教育各种论文）（江苏各县筹备义务教育联合会办事处）

二、关于乡村社会及乡村生活者

1. 农村社会学　顾复编（商务）

2. 农村社会学　杨开道著（世界）

3. 乡村社会调查大纲　冯锐著（中华平民教育促进会）

4. 农村问题　杨开道著（世界）

5. 村治轨范　欧阳英著（汉英图书馆）

6. 农村自治　杨开道著（世界）

7. 太原村范　欧阳英著（大北日报馆）

8. 农村调查　杨开道著（世界）

9. 翟城村　米迪刚著（中华旬报社）

10. 农村组织　杨开道著（世界）

11. 农民政策（大东书局）

12. 农村领袖　杨开道著（世界）

13. 农村调查　黄枯桐编（上海市社会局）

14. 改良旧农村（苏州青年会）

15. 略各门径（农村事业丛刊第三号）（苏州青年会）

16. 徐公桥　江恒源编（中华职业教育社）

17. 老农今话　张援编（商务）

18. 新村公约　刘仁航（商务）

19. 中国农民问题与农民运动　王仲鸣译（平凡书局）

20. 旧村与新村　张宏业著（广益书局）

21. 训政时期村政问答　吴美继编（三民书社）

22. 农民问题研究　周亚屏译（民智）

23. 农民浅说　朱亮基编（世界）

24. 农村法律问题　邓日译（民智）

25. 北平郊外之乡村家庭　李景汉著（商务）

26. 农村生活　杨开道著（世界）

27. 农村政策　杨开道著（世界）

28. 农村建设　杨开道著（世界）

29. 农村运动　杨开道著（世界）

30. 农村社会　杨开道著（世界）

31. 中国农村经济的研究　马扎亚著（神州国光社）

32. 中国农村经济之特性　宗华译（北新）

33. 中国农村经济及其特质　朱新繁著（新生命书局）

34. 中国农村信用合作运动　张镜予编（商务）

35. 芜湖一零二农家之社会的及经济的调查　卜凯著（金陵大学农林科）

36. 江苏昆山南通安徽宿县农佃制度之比较以及改良农田问题之建议　乔启明著（金陵大学农林科）

37. 丹麦的农村建设　赵仰夫编（新学会社）

38. 苏俄农村生活　陈泽生译（联合书店）

39. 农民生计调查报告（中华职业教育社）

40. 中国农村经济实况　李锡周编

41. 中国农田统计　刘大钧著

42. 平教总会华北试验区工作实况（中华平民教育促进会）

43. 黄巷实验区（江苏省立教育学院）

44. 农业经济学　唐启宇著（中央政治学校）

45. 农业政策　唐启宇著（中央政治学校）

46. 中国农业改造问题丛著　唐启宇著（民智）

47. 合作概论　唐启宇著（民智）

48. 中国农业经济之发展　曹鸿儒著（三民学社）

49. 中国农人地位与农业改良（江苏大学通俗教育馆）

50. 农业政策纲要　黄通译（商务）

51. 中国农业之经济观　凌道扬著（商务）

52. 中国国民经济概况（第三章　中国的农业状况）　何汉文著（神州国光社）

53. 农业政策　张受均编（泰东）

54. 农业的社会化　邓毅译（新生命书局）

55. 丹麦之农业及其合作　顾树森编（中华）

56. 农业问题论　章子建译（神州国光社）

57. 社会主义之农业理论　蒯君启译（联合书店）

58. 我国佃农经济状况　刘大钧著（太平洋书店）

59. 农业全书　赖昌编译（新学会社）

60. 农业经济学新编　顾鸣盛编（民智）

61. 饥荒的中国　吴鹏飞译（民智）

62. 耕者要有其田　严仲达著（民智）

63. 中国田赋研究　冯节著（民智）

64. 山西村治汇编（太原晋新书社）

65. 社会农业　王冰若译

66. 平均地权之理　李健人著（泰东）

67. 世界农业状况　吴觉农编（大东）

68. 浙江省人口及粮食问题　李钦予著

69. 中国近代经济发达史　侯厚培著

70. 中国经济地理　张其昀选述（商务）

71. 区乡镇治问答　（三民公司）

72. 农村经济　陆善炽　陈大同译（卿云图书公司）

73. 中国农民问题论　郭真著（平凡书局）

74. 俄国农民问题与土地政纲　列宁著

75. 农村问题与社会理想　刘钧译

76. 农业周报（中国农学社）

77. 农矿公报（农矿部）

78. 农学会报（中国农学会）

79. 农业推广（农矿部）

80. 农林新报（金陵大学农林新报社）

81. 农民（农矿部）

82. 村治（村治月刊社）

83. 农声（国立中山大学农学院）

84. 农林月刊（国立北平大学农学院）

85. 农科季刊（河南中山大学农学会）

86. 林学（中华林学会）

87. 劳农学院周刊（国立浙江大学劳农学院）

88. 屯垦（屯垦公署驻辽办事处）

89. 农民（中华平民教育促进会）

90. 救灾会刊（中国华洋义赈救灾总会）

91. 合作讯（中国华洋义赈救灾总会）

92. 中华农学会报（中华农学会）

93. 农民半月刊

94. 统计月报（立法院统计处）

95. 苏农（江苏省农民银行）

96. 农政研究（日本农村文化协会）

97. 农业经济研究（日本岩波书店）

98. 合作月刊（中国合作学社）

（乙）英文参考书目

（一）关于乡村教育及农业教育者

1. Rural Education. O. G. Brim

2. Rural Education, A. W. Ashby and P. G. Byles.

3. Problems in Rural Education, L. A. Sharp.

4. Rural Life and Education, E. P. Cubberley.

5. Progressive Trends in Rural Education A. D. Mueller.

6. Country Life and the Country School, Mabel Carney.

7. Principles of Rural School Administration, J. E. Butterworth.

8. Rural School Administration and Supervision, J. Boraas and G. A. Selke.

9. The Consolidated Rural School, L. W. Rapeer.

10. Rural School Management, W. A. Wilkinson.

11. Health Education in Rural Schools, J. M. Andress.

12. Rural School Methods, E. L. Ritter and A. L. Wilmarth.

13. Successful Teaching in Rural Schools, M. S. Pittman.

14. Teaching in Rural School, T. J. Woofter.

15. Professional Preparation of Teachers for Rural Schools, K. M. Cook.

16. Standardization of Rural Schools, (The Classroom Teacher, Vol. I), G. A. Works.

17. Ten Steps in the Promotion of Health in Rural Schools, J. F. Rogers.

18. Rural Education and the Consolidated School, J. B. Arp.

19. Important Features in Rural School Improvement, L. J. Alleman.

20. New Ideals in Rural Schools, G. H. Betts.

21. Better Rural Schools, G. H. Betts and O. E. Hail.

22. The Rural People and Rural Education, W. H. Campbell.

23. The Improvement of Rural Schools, E. P. Cubberley.

24. The Work of the Rural School, J. D. Eggleston and R. W. Bruere.

25. The Efficiency and Preparation of Rural School Teachers, H. W. Foght.

26. The American Rural School. H. W. Foght.

27. The Rural School from Within, M. G. Kirkpatrick.

28. Conrse of Study for the Preparation of Rural Teachers, Mutchler and Craig.

29. Tree Planing on Rural School Grounds, U. S. Department of Agriculture.

30. Community Work in the Rural High Schools.

31. The Rural School: Its Mthods and Management, Culter and Stone.

32. Rural Life and the Rural School, J. Kennedy.

33. Rural High Schools (in Principles of Secondary Education), Paul Monroe.

34. The Country School of Tomorrow, F. T. Gates.

35. Rural Education, A. E. Pickard.

36. Reconstruction of the Chinese Rural Elementary School Curriculum to Meet Rural Needs in China, Paul C. Fugh.

37. Rural School Survey of New York State, the Joint Committee on Rural Schools (G. A. Works Chairman).

38. A Rural School Project in Teacher Training, Clara H. Smith and LaKae Olivey.

39. Rural Education, Katherine M. Cook.

40. Analytic Survey of State Courses of Study for Rural Elementary

Schools, C. M. Reinoehl.

41. Supervision of Rural Schools, Katherine M. Cook.

42. Does the Helping Teacher Really Help the Rural Schools? State Department of Education, Baltimore Maryland, U. S. A.

43. A Pageant for Rural Schools, Maud C. WNebury.

44. Rural School Sanitation, T. Clark, G. L. Collins and W. L. Treadway.

45. Objectives in Elementary Rural School Agriculture, E. E. Windes.

46. Progress of Rural Education, Katherine M. Cook.

47. The Training of Farmers, L. H. Bailey.

48. Education for Country Life, W. M. Hays.

49. Educational Resources of Village and Rural Communities, J. K. Hart.

50. Training Courses for Rural Teachers, A. C. Monahan and R. H. Wright.

51. The New Country School, W. K. Tae.

52. Among Country Schools, O. J. Kern.

53. The Rural Teacher and His Work, H. W. Foght.

54. New Schools for Old, Evelyn Dewey.

55. Rural Denmark and Its School, H. W. Foght.

56. The Danish Folk School, C. D. Campbell.

57. Rural School in Canada, J. C. Miller.

58. Village Education in India, A. G. Fraser.

59. Village School in India, M. Olcott.

60. Everyday Problems of the Country Teacher, F. J. Lowth.

61. Administration of Village and Consolidated Schools, R. L. Finney.

62. Rural School Management, H. G. Barnes.

63. Efficiency and Preparation of Rural Teachers, H. W. Foght.

64. Helpful Hints For the Rural Teacher, L. L. Bassett and Alice W. Smith.

65. Experimental Practice in the City and Country School, C. Pratt and L. E. Wright.

66. The Development of Adult Education in Rural Areas, J. Parry.

67. Moonlight Schools. C. W. Stewart.

68. The Folk Hign School in Denmark, Hoger Begtrup.

69. Vocational Agricultural Education, R. W. Stimson.

70. The Means and Methods of Agricultural Education, A. H. Leake.

71. Education and Chinese Agriculture, K. L. Butterfield.

72. Country Community Education, Proceedings of the Fifth National Country Life Conference, Teachers College, Columbia University: New York, U. S. A.

73. The Rural School Plant, S. A. Challman.

74. Rural School from Within, M. G. Kirkpatrick.

75. Graded Games for Rural Schools, E. A. Ross.

76. Rural School and the Community, H. T. Lewis.

77. Reorganization of Rural Education, J. R. Malan.

78. Handbook for Rural School Officers. N. D. Showalter.

79. Projects in Agricultural Education, C. A. Sehmidt.

80. Twentieth Century Rural School, E. E. Davis.

81. Journal of Rural Education.

82. Cyclopedia of Education, Subject on Rural Educatien, Paul Monroe.

(二) 关于乡村社会及乡村生活者

1. Farmers of Forty Centuries. F. H. King.

2. Village Life in China, Arthur H. Smith.

3. Country Life in South China, D. H. Kulp.

4. The Study of Chinese Rural Economy, C. B. Malone and J. B. Tayler.

5. Chinese Farm Economy, J. L. Buck.

6. An Economic and Social Survey of 150 Farms, J. L. Buck.

7. A Study of 50 Farms on the Chengtu Plain, Szechwan. H. D. Brown and M. L. Li.

8. Some Needs of the Hour in Town and Country, Dana Malcolm.

9. Village Communities, Edmund de S. Brunner.

10. A Country Child, G. Showerman.

11. Rural Child Welfare. E. N. Clopper.

12. Rural Community Organization, A. W. Hayes.

13. The Rural Community, K. L. Mac Garr.

14. The Rural Mind and Social Welfare, E. R. Groves.

15. The Country Life Movement, L. H. Bailey.

16. The Farmer and the State, L. H. Bailey.

17. Evolution of the Country Community, W. H. Wilson.

18. Challenge of the Country, G. W. Fiske.

19. Cooperation Among Farmers, J. R. Couiter.

20. Play and Recreation for the Open Country, H. S. Cirtis.

21. Rural Wealth and Welfare, G. T. Fairchild.

22. Rural Denmark and Its Problems, H. R. Haggard.

23. Instructive Rural Sociology, J. M. Gillette.

24. The Granger Movement, S. J. Buck.

25. The Rural Community, N. L. Sims.

26. Rural Sociology, J. N. Gillette.

27. Constructive Rural Sociology, J. N. Gillette.

28. Introduction to Rural Sociology, P. L. Vogt.

29. Rural Economics, T. N. Carver.

30. Farm Boys and Girls, W. A. McKeever.

31. Rural Hygien, H. N. Ogden.

32. Chapters in Rural Progress, K. L. Butterfieid.

33. The Country Church and the Rural Problem, K. L. Buttercfeld.

34. The Farmer and New Day, K. L. Butterfield.

35. Rural Life, C. J. Galpin.

36. Vital Issues in the Study of Rural Life Conditions, A. H. Chamberlain.

37. Rural Problems of Today, E. R. Grove.

38. The Country Town, W. L. Anderson.

39. How to Live in the Country, E. P. Powell.

40. The Rural Life Problem of the United States, Sir Horace Plunkett.

41. How Shall Couutry Youth Be Served? H. P. Douglass.

42. American Villagers, C. L. Fry.

43. Handbook of Rural Social Resources, H. Israel and B. Y. Landis.

44. Seeing America, Book One, Farm and Field, W. B. Pitkin.

45. Fifty Famous Farmers, L. S. Ivins and A. E. Winship.

46. The Littole Cuntry Theater, A. G. Arnold.

47. Service Relations of Town and Country, J. H. Kolb.

48. Family Living in Farm Homes, E. L. Kirkpatrick, H. W. Atwater and L. M. Bailey.

49. The Sociology of Rural Life, Hawthorn.

50. Introduction to Rural Economics, P. L. Vogt.

51. Rural Sociolgy, C. C. Taylor.

52. Elements of Rural Sociology, N. I. Sims.

53. Farm Income and Farm Life, D. Sanderson.

54. Rural Life at the Crossroads, Macy Campbell.

55. Agrlculture and Life, A. D. Cromwell.

56. Rural Versus Urban, Their Conflicts and Causes, J. W. Bookwalter.

57. Community Center Activities, C. A. Perry.

58. The Farm Bureau Movement, O. M. Kile.

59. Village Improvement, P. T. Farwell.

60. Change in the Village, G. Bourne.

61. Problems of Village Life, E. N. Bennett.

62. Rural Organization, W. Burr.

63. Indian Life in Town and Country, H. Compton.

64. Country Work, P. H. Ditchfield.

65. Community Civics. A. W. Dunn.

66. Problems of Community Life, S. Eldridge.

67. The Home of the Coontryside, American Y. M. C. A.

68. Village Life in the Fens, E. J. Gardiner.

69. Russian Life in Town and Country, P. H. Palmer.

70. Rural Hygiene, I. W. Brewer.

71. The Principles of Agriculture, J. H. Gehrs.

72. Country Life Readers C. W. Stewart.

73. Country Life Reader, O. J. Stevenson.

74. Farm Projects, C. Colvin.

75. Rural Children, F. S. Bradley, and M. A. Williamson.

76. Plans of Rural Community Buildings, W. C. Mason.

77. Sewage Disposal for Rural Homes, H. W. Riley and J. O. McCurdy.

78. Community Recreation, G. C. Draper.

79. Locating the Rural Community, D. Sanderson.

80. The Couutry Theater. A. M. Drummond.

81. The Historical Pageant in the Rural Community, A. F. Halsey.

82. Plays for the Country Theater, A. W. Drummond.

83. Uses of Rural Community Buildings, W. C. Nason.

84. Rural Planning, the Social Aspects, W. C. Nason.

85. Organization of Rural Community Buildings, W. C. Nason.

86. Juvenile Delinquency in Rural New York, K. H. Claghorn.

87. A Pageant of Agricuiture, H. H. Hudson and Mary E. Dutbie.

88. Rural Planning, the Social Aspects of Recreation Places. W. C. Nason.

89. Organization of a County for Extension Work—the Farm Bureau Plan, L. R. Simons.

90. Farm Management Extension. H. M. Dixon.

91. Status and Results of County Agent Work, W. A. Lloyd.

92. Status and Results of Extension Work, W. B. Mereler.

93. Extension Work Among Negroes, W. B. Mercler.

94. Status and Results of Home Demonstration Work, F. E. Ward.

95. The Club Member's Home Vegetable Garden. C. P. Close.

96. Status and Results of Boys' and Girls' Club Work, G. E. Farrell and G. L. Warren.

97. Suggestions for Boys' and Glrls' Exhibits, M. Dangizer.

98. The Holy Earth, L. H. Bailey.

99. Rural Social Problems, C. J. Galpin.

100. The Women on the Farm. M. M. Atkeson.

101. Land: Its Social Economy, C. L. Stewart.

102. The Farmer's Standard of Living, E. L. Kirkpatrick.

103. Rural Municipalities, T. B. Manny.

104. Rural Social Psycology, C. C. Taylor.

105. The Farmer's Town, J. H. Kolb.

106. The Suburban Trend. H. P. Douglass.

107. Wandering in Northern China, H. A. Franck.

108. Tillers of the Ground, M. I. Newbigin.

109. Farm and Factory in China, J. B. Tayler.

110. An Economic Study of Chinese Agriculture, C. S. Tang.

111. Rural America.

112. Rural Manhood.

113. Agricultural Gazatte and Modern Farming.

114. Agricultural Review.

115. Better Farming.

116. Country Gentleman.

117. Country Life.

118. Farm Journal.

119. Farm Life.

120. Farmers' Gazette.

121. Farmers' Home Journal.

122. Journal of Agricultural Science.

123. Modern Farming.

124. Progressive Farmer.

125. Rural Life and Farm Stock Journal.

126. Western Farm Life.

127. World Agriculture.

乡村平民教育的
理论与实际

傅葆琛　著

引　言

　　欧战的时候，我与晏阳初先生在法国办理华工教育。彼时我们已下了决心，回国提倡平民的教育。民十三，我从美国回来，就加入平民教育促进会，担任乡村教育部的工作。这本书里的文章，都是我历年从事平教运动，忙中偷闲，拉杂写的。其中一多半，曾在各杂志报纸发表过；只有几篇，是还没有请教过人的。

　　本来我没有心把这些没有价值的文章汇印成书；差不多我做的关于平民教育的文章，都散失了；我也不甚注意。年来我在江苏无锡，研究民众教育，觉得从前对于平民教育的经验和议论，很可供参考的资料；而一般同志又时常问我要这种材料，怂恿我把些散而未失的稿子，搜集在一起，便作为这本书的内容。

　　关于本书的校对，修改，编印等事，江苏省立教育学院林敬之，李从之，朱秉国三位同志，都帮忙不少；林同志费的精神和时间尤多。这是我感谢之余，要在此处附带声明的。

傅葆琛，二十，八，十二

目　次

引言 …………………………………………………………（111）
为什么要办乡村平民教育 ………………………………（115）
乡村平民教育大意 ………………………………………（121）
乡村平民教育实施方法的商榷 …………………………（133）
学生如何利用假期协助推行乡村平民教育 ……………（149）
视察保定乡村平民教育的报告 …………………………（155）
直隶京兆信用合作社社员如何能协助推行乡村
　　平民教育 ……………………………………………（164）
平民千字课的教学法 ……………………………………（172）
定县乡村平民教育普及的计划和进行的情形 …………（178）
南通平民教育的希望及前途 ……………………………（181）
在河北省定县乡间的一段日记 …………………………（185）
一点儿旧的调查统计材料与中国北部乡村平民
　　教育概况的推断 ……………………………………（196）
老王的觉悟（乡村平民教育新剧）………………………（206）
直隶南部各县乡村平民教育的状况及最近旅行
　　观察所得的感想 ……………………………………（218）

为什么要办乡村平民教育？

诸君！你们都知道中国现在是个"民国"。什么叫做"民国"？就是我们这个国是"民"的国；为"民"而立的国；也是"民"所立的国；换句话说，就是"民有"的，"民享"的，"民治"的意思。"民"是谁？就是我们"老百姓"们。但是这些大多数的"老百姓"们在那里？

你们都知道中国有四万万同胞。这四万万人里头，只有六七千万人在城市里住，其余的人都住在乡村里。就是说中国一百个人里头，有八十多个人是做庄稼的。中国乡村的人既是这样多，他们担负的责任自然也是很大。所以中国的前途，还要靠这大多数乡村的人民。他们强，中国也就强；他们富，中国也就富；他们弱，中国也就弱；他们穷，中国也就穷。我们想一想：中国乡村的人民现在是强吗？是富吗？咳！不说还好。说起来真要教人伤心呢！

你到各处去看我们乡下的同胞。遭了旱灾，又遭水灾；遭了水灾，又遭兵灾；"真是天灾人祸，民不聊生"。他们所受的苦，算是达到极点了。再看一看他们自己。一百个人里头有八九十个都是"目不识丁"的"睁眼瞎子"。因为他们不识字缘故，信账既不会写；报纸也不会看；世情不懂得；国事也不晓得；把别人说的话当作新闻；是非真假全弄不清楚；遇着那些土豪劣绅，受了欺骗，还把他们当作好人。你说可怜不可怜！这样用耳朵代眼睛的人，几同五官不全。不识字的害处，真是说不胜说。像这样受人支配。不能自立的人，如何说得到"具世界的眼光，负国家的责任"呢？

诸君！你们没有听说现在西洋教育普及的国家像英，美，德，法等国，还有我们东洋接邻日本国，他们国内的人民，无论男女老少，无论什么职业的人，都能识字读书么？单是我们中国的教育，到现在不但还没有普及，而且进步非常迟慢，因此我们中国就赶不上东西洋各国。他们又富又强，我们又穷又弱。怪不得人家都瞧不起我们。把我们叫做什么"东亚病夫"。日本一个小国，面积人口不过我们一省的大小，到算是个头等国，我们偌大一个"中华民国"，反到列在日本之下。我们连小小日本都不如，可耻不可耻啊？

我们说到这里，就不能不归罪于我们中国人没有见识，把读书这件事，看做一种行业，只是当"士"的才应该读书，其余当农工商的人，是可以不必读什么书，研究什么学问的。这种见解是全然错了。他们不晓得一般农工商业也要有农工商业的知识学问，才能进步。要是没有必需的知识学问，农工商业就永远不能改良了。

单就农业说，中国是自古"以农立国"的国家。但是现在各国的农业都是很发达，我们中国的农业，因为多数农民不识字，不知道各种改良农业的科学方法，到如今还是守着老法子，一点儿没有改变，所以渐渐的衰败下来，弄得农民吃穿都不够，饥寒困苦，达到极点。

热心教育的爱国同胞啊！你们必须赶紧去设法帮助那些不识字的同胞识字读书，使他们得着实用的知识，学些新法子来，应用到他们的实业上去，我们中国的农工商矿各业，才有振兴的希望！国家也才有富强的可能啊！

"知识"是竞争生存必不可少的东西。无论个人，无论国家，"知识"完备的，才能占优胜；"知识"缺乏的，必定遭失败。我们若是要生存，一定要有相当的"知识"。要得着"知识"，第一步必须要认得传播知识的"文字"。"文字"如同一把钥匙，有了他，才能去开知识的宝库。

世界上文明强盛的国家，差不多人人都能识字。英，美，法，德各大国暂且不说。就是日本小国，连拉车的人也能看报。我们看一看中国不识字的人究竟有多少？我们不知道还好；知道了，真要吓得胆破心寒！原来中国现在还有三万万二千万不识字的人！这些不识字的人，拿起书来不能读，拿起报来不会看，虽然有眼睛，却和瞎子一样；他们听有知识的人谈论国家和世界上的事情，茫然不懂，虽然有耳朵，却和聋子一样；他们自己有什么话，不能发表出来，又不能把自己的意思讲解明白，虽然有嘴，却和哑子一样。诸君！请想一想，中国有这样多的瞎子，聋子，哑子，那能同别国的人并驾齐驱呢？

说到这里，我们就知道治这些瞎，聋，哑，"对症下药"的方法没有别的，就是"教育"。"教育"是人类生存进化必不可少的工具。无论什么民族，要想在世界上占一个位置，必得先有这样的工具。在民治的国家，"教育"更为重要。我们中国现在社会上的种种扰乱，政治上的种种腐败，外交上的种种损失，都是因为民智低下，教育堕落。所以我们要想改造中国，第一步应该作的事，就是要提高民智，普及教育。现在中国虽然有许多学堂，但是教育不普及，识字读书的人太少。中国是个"民国"。"民国"的人，应该平等。平等的人民，却不能受平等教育，怎么能算得一个"民国"呢？

中国许多人不识字不读书的缘故，并不是因为他们不知道识字读书的好处。我们有一句常说的话，"万般皆下品，惟有读书高"。可见得我们中国人把识字读书是看得很重要的。但是从前读书的人，专门读书，不做别的事，有时还要靠别人的资助。所以有钱的人，才读得起书；穷苦的人，那里有读书的机会！可惜许多聪明的人因为没有钱上不起学，不能发展他们天赋的才能。诸君啊！在那些不识字没有机会求学的同胞中，不知埋没了多少"英雄"，"豪杰"，"发明家"，"制造家"！世界上的损失还有比这个损失大的吗？

许多人因为"穷"，读不起书。还有许多人因为"忙"，也就不去读书。所以我们到乡下去，常听见务农的朋友们说："我们从早到晚，耕田，种地，放牛，割草，那里有工夫读书？"我们到城里，又听见作工的朋友们说："我们整天靠着两只手做活，挣钱，忙个不了。要想读书，却没有时候！"

在"穷"和"忙"这两般人以外，还有许多人把读书看得太难。他们说："你没有看见那些读书的学生吗？他们就像坐牢念咒一样。况且我们的年纪已经大了，记性也不好了，那能够学小孩子捧着书本去求教先生？'读书这件事我们简直是无福消受。'"

诸君！诸君！读书到底是不是一件很难的事？作工和穷苦的人，是不是没有一点儿读书的机会？

我们要回答这两个问题，先要研究几件事：

第一层，我们要读多少书才够用？

第二层，我们要费多少时间去读书？

第三层，我们要花多少钱才能读书？

我们若是把这三件事解决了，我们就知道读书并不是一件难事；也不是一件很无味很费时间的事；也不是一件要用许多钱才能作到的事。至于讲到年纪，就是大些，也不要紧，因为从来年纪大的人造成很好学问的很多。诸君还有人记得三字经上的"苏老泉，二十七，始发愤，读书籍"吗？至于不因穷苦丧志，勤学成名人的也很多，像那些"如囊萤，如映雪，家虽贫，学不辍"。或是"头悬梁，锥刺股，彼不教，自勤苦"。还有那些"如负薪，如挂角，身虽劳，犹苦卓"。再考查欧美名人的传记，什么大政治家，大科学家，大资本家，由作工务农出身的人不知有多少！俗语说得好："天下无难事，只怕有心人。"不管是谁，不论有钱无钱，只要立志读书，是没有不会成功的。

读书不但是要有志向，还要有简便适用的方法。从前许多人读了几十年书，"之乎也者矣焉哉"的，背得很熟，却是连封平常的信都写不通。普通的常识也是不全。因为他们所读的书本太不识用。"经，史，子，集"，这些书都是古代的伦理，哲学，政治，历史。而且这些书上的文字，与现在通用的文字，也差得很远。把这些书拿来给小孩子和初学的人读，他们自然是莫明其妙。这些书是应该让给专门文学的人去研究的，不应该当作国文初阶进阶的。所以我们对于选择课本，不能不十分注意。孔夫子曾说过："工欲善其事，必先利其器。"我们若要使中国人人都识字读书，应该用什么工具呢？

诸君！你们知道现在我们国内教育家组织了一个会，叫做平民教育促进会。这个会的目的，就是要使全国人人识字，建立普及教育的基础，改进生计，消弭乱源，奠定国本。换一句话说，就是要使我们中国四万万人，无论贵贱，贫富，男女，老少，都有普通常识，能处理日常生活，写信，记账，和别的应用文件；并具培养他们有继续读书，看报和领略优良教育的能力；也就是使他们有人生与共和国民必不可少的精神，态度，知识，思想和技能。平民教育促进会对于课本，时间，经费，校址，教师等事，都有详细的研究。又时时改良；所以成效一天比一天显著。现在把平民教育办法的特点列下：

（一）课本　平民学校用的课本，叫做平民千字课，是用白话编成的。课本里头的字，是根据日用最普通一千多个字。这些字是用科学方法研究，在五十多种白话书报里头挑选出来的。这些字可以说是我国文字中的"基本字"。认识了这一千多个字，凡是平常日用的文字，如写信，记账，看报，都可够用。每课又插有图画，引起学生兴趣，帮助他们了解和记忆。

（二）时间　这部千字课，一共四本。每本有二十四课，共计九十六课，若是每天上一课，只要十六个星期便可读完。无论怎样忙的人，一天总可匀出一点钟出来，比在寻常学校里读书的时间少了好几倍，而且一天只读一课。每课至多不过十二三个生字。上课的早晚，也可照地方情形酌定。这样办法，对于我们一般平民作工谋生，一点都没有妨害。读书作事，两无冲突。从前读书的人，读书便不能做事；做事的人，做事便不能读书。现在读书的人，也可以做事；做事的人，也可以读书了。

（三）经费　一部千字课只要一角二分钱，不过够印刷的工本。平民学校，是一概不收学费。教书的先生，都是尽义务，不要薪水。平民学校需用的房屋，各处已经办平民教育的，都是借现有的学校，或是庙宇，或是祠堂。至于灯油炭火纸笔等项，花的钱有限。若是本地热心公益的绅商，随便捐助些，便"绰绰有余"了。

平民教育有上列的几个特点，把"文字"，"时间"，"经费"，这三个难题，都打破了。亲爱的同胞们啊！平民教育是普及教育的利器。南京，上海，烟台，长沙，天津，杭州，成都，南昌，广州几个都会地方，都已举办，成绩很多。各处城市正在仿照推行。但是中国在城市住的人民，只有十分之二三；在乡村住的人民，要占十分之七八。所以推行平民教育，不但应该注意城市，更要特别注意乡村。如果城乡各界人士联合进行，有钱的人快慷慨捐钱；有知识的人快出来尽义务教书；失学的人快发愤读书；非达到全国男女人人识字的目的不止。能够这样办去，中国才有不瞎，不聋，不哑，有知识，能自立的国民。有了这样的国民，才能办地方自治，监督政府，防御外侮，改良社会，发展农，工，商，矿，各种实业。然后政治才得清明，民生才得充裕。现在的种种国耻，种种困苦，也就不除自除，不去自去！我们中华民国自然而然会变成一个富强的国家！

诸君啊！请你们发一个"见义勇为"的志愿，负一个"先觉觉后"的责任，出来替不识字的苦同胞尽点义务，作他们的明灯，引导他们离了黑暗悲惨的景况，进到光明快乐的境界。中国的前途，全看我们能不能在四万万人中，把不识字的人去掉，能不能把"平民教育"普及全国。

民国十三年十一月，于北京平民教育促进总会

乡村平民教育大意

一　何谓乡村平民教育？

乡村平民教育为平民教育一部之工作。由字面观之，乡村平民教育者，即在乡村举办之平民教育；换言之，即为乡村人民所办之平民教育也。

关于平民教育之原理及真义，已另有论著阐发之，此处不必赘述。

二　何故提倡乡村平民教育？

乡村平民教育为平民教育全体最重要一部之工作，提倡推行，刻不容缓。其理由有四：

（甲）乡村平民教育是全国大多数人民之教育　我国人口总数为四万万，乡村人口至少占全数百分之八十，[①] 约在三万二千万以上。且乡村失学者亦众。故乡村平民教育乃全国大多数人民之教育也。

（乙）乡村平民教育是供给全国衣食住的人之教育　在乡村人

[①] 美国麻省农业大学校长白德斐氏（Buttarfield）于一九二二年来华调查农业教育状况，著有改良中国农业与农村教育意见书（Agriculture and Chinese Education）一书，云中国农民至少在全国人民百分之八十以上。

民中，农民居十之九。我国自古以农立国，至今日仍为全世界之一大农业国家。农民之进步与退化，关系全国人民之进步与退化；农业之盛衰，关系国家之盛衰；农民缺乏教育，则生产能力不足，而农业必至失败；农业失败，则衣食住原料无所出，而国家危矣。

（丙）乡村平民教育是为国家启发多数领袖人才之教育　乡村人民天赋之才智，并不弱于城市人民。而其锻炼身心及与自然界接触之机会，实为城市人民所不及。古今英雄豪杰，名将贤相，事业家，科学家，出身于田间者甚多，中外历史均可证明。一旦乡村人民受教育之机会与城市人民相等，则人才之产生正未可限量。

（丁）乡村平民教育是挽救今日畸形教育之弊，而为大多数失学的人民谋平等机会之教育　我国自改革教育制度以来，偏重城市，漠视乡村，故城市中之教育虽已渐次发达，而乡村间之教育则依然望尘莫及。因是城市中之学校林立蔚起，而乡村间之学校则寥若晨星；城市失学者日见其少，而乡村失学者愈显其众。此等畸形之教育与民治主义（即德谟克拉西主义）大相违背，于共和国家前途大有妨害。乡村平民教育可以挽救此弊，使乡村失学者均有受教育之机会。

三　乡村平民教育与乡村小学教育有何关系

现今教育家多注意于乡村小学教育，因乡村儿童受教育之机会远不如城市儿童之多，乡村学校亦远不如城市学校之完备。如欲使全国儿童教育机会均等，与小学教育普及之实现，必须急速改良乡村小学教育。著者曾专门研究乡村小学教育数年，现仍是乡村小学教育之"摇旗呐喊者"。著者现时虽为乡村平民教育服务，同时亦为乡村小学教育鼓吹。但常闻人云："诸君欲提倡乡村平民教育么？乡村教育问题即乡村小学教育问题。乡村小学教育改良，乡村教育问题自然也就解决了。"

此语之病，在将乡村小学教育视作乡村教育全体。倘乡村教育问题如是之简单，则我国教育绝不难普及。为此言者，只顾及一般失学之乡村儿童，对于未曾受过教育之青年成人未加注意。应知失学儿童不过失学人民总数六分之一，其余六分之五皆失学之青年成人。故乡村小学教育之普及不能认为乡村教育之普及。如欲乡村失学之人皆受相当之教育，必须在办小学教育之外，兼办平民教育。

更有人并非不知乡村中除失学儿童之外，尚有失学之青年成人。但他们不信平民教育之需要，以为教育已失学之青年、成人是消极的，是多事的，是无用的，是舍本务末的。他们说："此辈冥顽不灵、脑筋失却机能之人，何必去教育他们。他们不久便老朽无用，行将就木。这般受天演淘汰的人，我们何苦为他们费力。我们今日所应注意者，乃学龄儿童，盖将来之新中国全赖新青年去建设也。"

今日之儿童是将来之青年成人，我们应努力教育之，勿使失学，此尽人皆知，无可辩论。但只知教育将来之青年成人，而不顾现时之青年成人。此种办法，未必尽善尽美，亦非民治国家应有之教育政策。又况现时之青年成人乃现时儿童之父母兄姊，试问同一家庭，为父母兄姊者无教育，为子女妹者能有好教育否？儿童教育之功能是否专赖小学教师？学校教育无家族教育之辅助是否可以收效？种种问题，皆足以证明平民教育与小学教育之关系。故平民教育不但应与小学教育并重，而且应提前举办。若现时之青年成人无教育，于现时的国家即刻发生极大的危险，因现时的国家不在一般儿童的肩上，乃在一般青年成人的手中。今日大多数之青年成人，十之九皆"目不识丁，"而且常识不全，于是有盲从、暴动种种危害国家的行为。现时的中国，因受一般无知识民众的影响，已在风雨飘摇之中，若不从速挽救，国将不国，更何从言及将来之新中国耶？

故提倡乡村教育者，必须一面改良乡村小学教育，一面促进乡村平民教育；一则建设将来的中国，一则挽救现时的中国。救国的事业比建国的事业尤为急切，故平民教育较小学教育尤为紧要也。

总之，乡村平民教育不但与乡村小学教育无冲突，两者互助合作之处甚多。最显著者，即凡有乡村小学之处，皆可设立乡村平民学校；凡乡村小学教育不发达之处，平民教育勃兴之后，亦渐次发达；至无小学之村庄，在办过一两期平民教育成立一两处平民学校之后，或将平民学校改为小学，或另设村立小学者，比比皆是。前此未受教育对于教育缺乏信仰之青年成人，因身受平民教育之益，遂觉悟教育之重要，为他们的儿童建设学校，盖以己身所受之苦痛，不愿其儿童一误再误，致蹈覆辙。此非乡村平民教育辅助促进乡村小学教育之铁证耶？[①]

四 乡村平民教育是否即农民教育

或以为乡村教育即农村教育，乡村平民教育即农民教育。由表面上观之，似是一而二，二而一，其实此二名词所包含之意义各不相同。乡村非尽是农村，乡民非尽是农民。乡村的人民，除耕田的农夫而外，尚有砍柴的樵子，打鱼的渔家，放牛羊的牧人，捕野兽的猎者，至作小工小商者亦不少，或有一村各种职业之人杂居一处；或有一村居民皆务农；或皆打鱼，或皆牧畜猎兽。乡村人民职业之不同，与地势及环境有密切之关系：如在平原者多务农，近海者多业渔，山岭中之人多以樵猎为生，居水草繁殖之地者多以游牧为事，盖地势与环境使之然也。

农村教育是专在农民聚集之村庄办的教育。农民教育是专为一般以耕种为职业之农民办的教育。前者含有区域的限制；后者含有职业的范围。此等教育乃专门教育，而非普通教育。乡村平民教育是为乡村全体失学之青年成人办的教育，不分地域，不论职业，根

---

① 参看拙著直隶南部各县乡村平民教育的状况及最近旅行观察所得的感想，散见于《新教育评论》第二、三、四各卷，及拙著《乡村平民教育实施方法的商榷》，见《教育杂志》第十八卷第十号。

据受学者之需要，而供给相当的教育。农、渔、樵、牧、各有应得之知识及训练，皆须一一调查研究，分别传授，方不失乡村平民教育之本旨。

在我国之乡村社会中，农村最多，农民最众。故在乡村平民教育中，农民教育尤为重要。而研究乡村平民生计问题者，尤不可不注意农民之生计及农业之改良也。

由此观之，农村教育只是乡村教育之一部分，不能以农村教育写乡村教育；农民教育只是乡村平民教育之一部分，不能以农民教育写乡村平民教育。每一名词所包含之意义，与受教者之范围，及教育之材料性质，皆各有不同之处，不可相混而言也。

五　乡村平民教育之目的何在

乡村平民教育有狭义的及广义的两个目的：狭义的目的，即是使乡村失学之青年成人在最短期内受中华民国国民必不可少之教育。

何谓"国民必不可少之教育？"即每一青年或成人，如欲使之成为国家健全之国民，最低限度，必须具有下列之资格：（一）有运用本国文字之能力，（二）有经济独立之能力，（三）有自治及助人之能力。

再分言之，第一，要具有运用本国文字之能力，必须由识字写字入手。不能识写本国文字之人，谓之"文盲"。"文盲"必先领受文字教育，盲病不除，安能谈及他种教育。

第二，要具有经济独立之能力，必须能生产。能生产之人，必须有相当之职业；对于所操之职业，更必须有相当之知识与训练，能谋改进之方法。

第三，要有自治及助人之能力，必须有高尚之人格，充分之常识，强健之身体。换言之，即一个人欲为社会之优良分子，对于道德上、知识上、卫生上，皆须有坚固之基础；对于个人、家庭、地方、国家之关系，皆须十分明了。

乡村平民教育广义的目的，则不但包括乡村失学之人，即未失学之人，亦在受教育之列，因能识写及运用文字之人，未必即能生产；能生产之人，未必即能自治及助人；富于知识者，人格未必高尚；人格高尚者，身体未必强健。无论何方面有些缺陷，皆不能作健全之国民。故乡村平民教育不独教育已失学之青年成人，即对于未失学或教育不完备之人，亦须设法补充其教育之缺陷，然后始能达其广大之目的。

六　乡村平民教育之范围何在

乡村平民教育之范围指定二事：（一）乡村平民受教人数之范围，（二）乡村平民教育工作之范围。

乡村平民受教人数之范围，据广义的目的而言，即乡村人民之总数减去乡村学龄儿童之人数及学龄以下儿童之人数。我国乡村人口与全国人口之比例，如以八与十之比为标准，全国人民为四万万，则乡村人民应为三万二千万。如全国学龄儿童之总数为六千七百万[①]，则乡村学龄儿童亦按八与十之比，当为五千三百六十万。学龄以下之乡村儿童，如亦作五千三百六十万计算，则两数之合，共为一万零七百二十万，即乡村中共有一万零七百二十万十二岁以下之儿童也。由三万二千万乡村人民总数减去一万零七百二十万，所余之二万一千二百八十万，即乡村青年成人之总数。此数应在广义的乡村平民教育范围之内。

依狭义的乡村平民教育之目的而言，则受教的人数只限于失学之人。若现时乡村中失学的人数占全体人数十分之九，则二万一千

---

① 现今各国教育计算全国学龄儿童人数之通例，均以六除全国人口总数，即全国人民的六分之一为学龄儿童也。我国人口为四万万，故我国学龄儿童人数为四万万的六分之一，即六千六百六十万强。为便利计算及记忆起见，可缩为六千七百万。

二百八十万的十分之九，为一万九千一百五十二万，即乡村失学青年成人之总数。至少此数之一半，即九千五百七十六万为十二岁以上五十岁以下之乡村青年成人。负乡村平教之责者，应特别注意此数，因五十岁以上的成人，年龄已渐臻老迈，其受教的可能和需要，都远不如十二岁以上五十岁以下的人。故狭义的平民教育，理论上虽应包含所有乡村失学之青年成人，实际上如能在最短时期内使五十岁以下失学之乡村青年成人全数受教，已可谓乡村平民教育普及矣。

由上述之人数统计观之，乡村人民占全国人民十分之八；乡村失学之青年成人，比全国人民半数尚多；只就十二岁以上五十岁以下失学之乡村青年成年人而言，亦几占全国人民四分之一。换言之，即每四个中国人中，有一人应受乡村平民教育。故单就受教之人数而言，乡村平民教育之范围，不可谓不大矣。

乡村平民教育工作之范围，与人数无关系。人数之范围，是根据受教者之多寡；工作之范围，是根据教育之方案及步骤。

欲达第五段所述乡村平民教育之目的，必使乡村失学之青年成人，领受三种需要的教育。即（一）文字教育，（二）生计教育，（三）公民教育。

文字教育是使未习文字之人能识字写字，识字之后，更能运用其已识之文字，且能欣赏高尚优美之文字。生计教育是使不能生产之人得受相当的职业知识与技能，自谋生活，经济独立。公民教育是使人人能自治，而且明了一己与人群社会的关系，不以私害公，不利己损人，有牺牲私利的精神，有服务公众的志愿，并知保卫身体，增进健康，且具有共和国民必不可少之一切常识。

此三种教育，为乡村平民教育之要素，缺一不可。但三者不能同时施行，须分期举办之，按今日乡村失学人民之情状及需要，施行乡村平民教育之步骤，似应先之以文字教育，辅之以生计教育，继之以公民教育。文字教育所以开入学之路，并授以求知识之基本工具，故宜在先；生计教育所以启发工作之本能，给以各种职业之专门知识及训练，俾能独立谋生，可无衣食之虑，与饥寒之苦，故应与文字教育相辅而行，所谓"教养兼施"是也。公民教育虽极重要，但不似文字教育及生计教育之急需。但文字教育及生计教育实施之后，必须从事于公民教育，然后乡村失学之平民不独可为有知识有技能之个人，亦可为能合群能服务之社会分子。故公民教育乃完成健全国民之教育，实平民教育最重要之一部，亦最后之一步也。

根据此种步骤，即（一）文字教育，（二）生计教育，（三）公民教育。乡村平民教育工作之范围，亦可从而规定，即第一期应努力普及文字教育，同时准备生计教育之工作，并研究公民教育之方法；第二期则积极进行生计教育，同时准备公民教育之工作；第三期文字教育及生计教育既已达到相当之目的，便可专从事于公民教育，然后乡村平民教育乃灿然大备矣。

七　乡村平民教育与城市平民教育有何区别

乡村平民教育与城市平民教育在目的上及工作之步骤与范围上，毫无区别。所有二者显著之区别，不外下列数点：

（一）施教区域之区别　全国城市除京都及各省省城与少数商埠而外，皆属乡村之区域。城市不以有城无城而定。多数之县城虽有一城垣，但其萧条枯寂之景况反不及乡村之镇店。故全国城市所占之面积与乡村所占之面积大相悬殊。城市平民教育之区域与乡村平民教育之区域，自不可同日而语矣。

（二）受教人数之区别　城市之人民集中，乡村之人民散涣。大城市中之人民，辄以数十万或数百万计。乡村之人民虽然零落，而其总数则超越城市数倍。上文曾述及我国乡村人民占全国人民百分之八十，如全国人民为四万万，则乡村人民当为三万二千万，城市人民只有八千万。再就失学的人数而言，城市失学的人不及乡村失学者之众多。在城市中，每百人中，不识字者约有四五十人；在乡村中，每百人中，不识字者多至八九十人。故乡村平民教育不独施教之区域比城市辽阔，即受教之人数亦比城市众多也。

（三）办学时期之区别　在城市办平民教育，一年四季无论何时，均属可能。在乡村则不然。乡村之时期，有农忙农暇之分。农忙期内，施教非常困难，乡村平民学校多半停止工作；至农暇期内，则时间非常充裕，课程亦有展长及活动之余地，不似城市之板滞，每日只以一二小时为限，多则妨害学生之工作及生活矣。

（四）教材教法之区别　乡村人民与城市人民之职业、生活、环境种种不同，故乡村平民教育所用之教材必须根据乡村人民之需要；教学之方法，亦须依从乡村人民之心理，然后受教者乃易领会。就文字教育言，乡村人民所应用及习用之文字与城市人民所应用及习用之文字，有许多不同之处，故编辑乡村平民读物时，必须选取乡村之事物，名词及成语，并须搜集乡村之应用文件作参考。就生计教育言，乡村之人多半务农，其余则以渔牧猎樵为生。城市之人非工即商，而工商之种类，又非常复杂，故促进乡村平民生计教育，必须注重农业之改进，而促进城市平民生计教育，则必须注重工商业之改进也。就公民教育言，乡村之社会组织非常单纯，城市之社会组织比较复杂。至于接触文化之机会，锻炼体力之工作，娱乐游戏之设施，皆各有不同。故乡村平民之公民教育，必须依照乡村之环境及情状，利用其优长之点，补救其缺乏之处，自不难达到目的，固不必仿效城市之情状，抄袭城市平民教育之教材及教法也。

（五）行政范围之区别　按中华平民教育促进会所定之平民教育行政系统，全国设总会，总揽全国平教事宜；各省有省分会；各县有县分会；各村区尚有组织区分会、村分会者。此外各大城市尚有城市分会。省分会之组织，其大体与总会大同小异，因其工作包含城市乡村两部故也。至县分会之工作，则纯为乡村平民教育之工作。如县城有属于城市者，则另设城市分会，专办该城之平民教育。至于区村分会之组织，其为纯粹之乡村平民教育，更不待言。

今将乡村平民教育与城市平民教育行政范围之区别，列图如下：

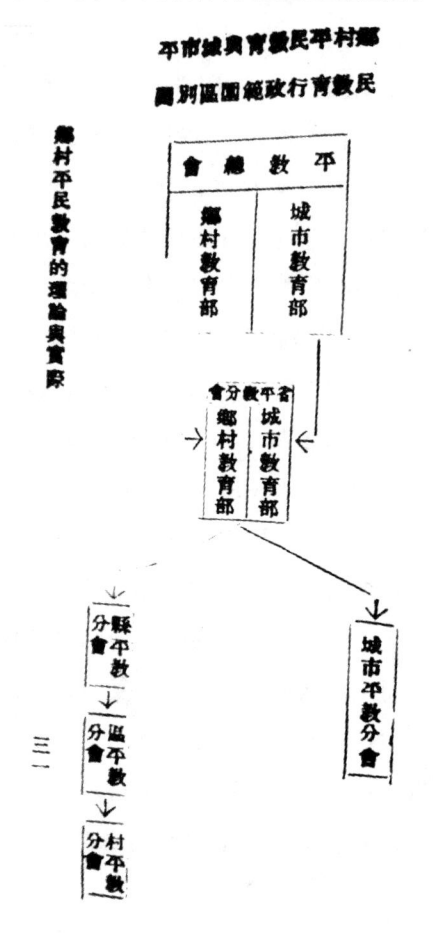

```
              平教总会
           ┌─────┬─────┐
           乡村   城市
           教育部 教育部
              │     │
         ┌────┴──┬──┴────┐
         →省平教分会←
          乡村   城市
          教育部 教育部
           │         │
           ↓         ↓
         县平教分会  城市平教分会
           │
           ↓
         区平教分会
           │
           ↓
         村平教分会
```

八 乡村平民教育有何使命

乡村人民失学之众，与乡村青年成人教育之重要，前已申言之矣。但乡村平民教育之使命，不仅在教育乡村之失学青年成人也。以今日我国乡村社会之窳颓不振，乡村人民生活之困苦难堪，国家之文化浸衰，国民之生计日窘，苟不急起直追，将不能与欧美各国并存于科学昌盛、实业发展之世界。处今日而谈救国，其道甚多。吾人所应注意者，须依据三个原则：（一）能为大多数人民谋幸福者；（二）能在最短时期内收效果者；（三）能以最低之经济限度而获达目的者。

乡村平民教育即依此三个原则进行，不独使乡村失学之青年成人得受相当之教育，且使乡村青年成人所组成之社会亦得而改进。故乡村平民教育如欲完成其工作，必须注意二事：（甲）乡村之优点必须保存，（乙）乡村之缺点必须补救。

一般人多以乡村与城市之别，为文野之分，故鄙视乡村而推崇城市，不以乡村为礼教未被之僻壤，即以乡村为文化闭塞之荒野，甚至嗤乡民为愚陋，夸市民为聪慧。此种见解，最是谬误。初不知乡村不及城市之处固多，而为城市所不及者亦不少。城市所负以自夸者，不过物质文明之发达及与新文化接触之机会。至乡村之天然环境与乡村人民固有之美德，则非城市及城市人民所得而有也。今将乡村社会之优点及缺点，择其显著者，列举于下，以作办理乡村平民教育者之参考。

乡村社会之优点：（一）天然的风景，（二）清鲜的空气，（三）与自然界接触的机会，（四）人民有独立自助的机会，（五）人民有锻炼体魄的机会，（六）人民有节俭的习惯，（七）人民有勤劳的习惯，（八）人民有诚实不欺的习惯，（九）人民有谦和的态度，（十）人民富于服从的精神。

乡村社会之缺点：（一）地面旷大，交通阻滞，（二）与新文化接触的机会少，（三）娱乐机关及组织的缺乏，（四）医院及医生的缺乏，（五）经济机关及组织的缺乏，（六）团体活动组织的缺乏，（七）人民富于守成的习惯，缺乏进取的精神，（八）人民迷信甚深，（九）人民家庭的观念浓厚，国家的观念薄弱，（十）人民的思想过于简单。

乡村平民教育如欲达其伟大之目的，必须保存乡村社会固有之优点，更发扬而光大之；挽救乡村社会现有之缺点，速弥补而矫正之，则乡村社会可得而改进，乡村之文化可与城市并驾齐驱，无美中不足之虞。至于乡村与城市优劣长短之处，亦须设法以调和之，使乡村人民与城市人民无疏隔纷争之处，消弭双方之误会及恶感，而促进其合作共济之能力，则乡村平民教育普及之日，亦国家治平兴盛之时。故乡村平民教育之使命，至为重大，岂徒教育一般乡村失学之青年成人而已耶！

乡村平民教育实施方法的商榷

一　什么是乡村平民教育

乡村平民教育，是对待城市平民教育而言，就是在乡下办的平民教育。再讲明白点，就是为乡村失学的青年和成人（年龄在学龄以上而未入学校的）办的各种的相当教育。

为什么乡村的平民教育要与城市的平民教育分开来办呢？因为乡村人民的生活习惯，受了环境及职业的影响，发生了种种特别需要，有许多地方与城市人民的生活习惯不同。教育既是根据社会的情形，以适应人民的需要，故必须按照人民的生活习惯环境经验，去预备教材和教授法，然后功效方能伟大，结果方能良好，所以乡村平民教育必须根据乡村社会情形去办，不能仿效城市平民教育的办法，而依样画葫芦也。

二　乡村平民教育之重要

我国乡村平民教育何以非常重要？简言之，有以下的几个理由：

（1）我国土地的面积为四千万方里，人口的总数为四万万。以土地论，乡村当居百分之九十以上；以人口论，乡村当居百分之八十以上。国家以土地人口为主体，岂可忽视乡村？故论教育，乡村教育实居首位。

（2）在今日世界各大国中，我国不识字的人最多，每百人中，至少有七八十人是目不识丁的文盲。这些失学的人，大多数都在乡间。

（3）我国是农业国家，自古以农立国，农民是供给我们衣食住原料的人。管子说得好："仓廪实而后知礼节，衣食足而后知荣辱。"但是我国农民墨守陈法，以致人口繁殖，农产不增，供不应求，民生凋敝，国本动摇。要改进农业，必先提高农民的知识，普及农民的教育。

（4）物质文明，自然城市比乡村高得多。但是乡村有未辟的土地，未开的宝藏，未启的才智，未练的体力，一旦教育普及，那希望真是无穷的。

（5）乡村人民的教育，在我国久已漠视，远不及城市教育之发达，共和国家而有此畸形的教育，与民治主义（即德谟克拉西主义）实大相背谬。

三　乡村平民教育与乡村义务教育的关系

乡村平民教育是为乡村失学的青年和成人办的。乡村义务教育是指普通乡村的小学教育而言，就是为一般学龄儿童办的教育。乡村平民教育与乡村义务教育有什么关系呢？乡村里的成人与青年，自然是乡村里学龄儿童的父母兄姊。若是当父母兄姊的人没有受过教育，便没有良好的家庭，就是有良好的学校，也不能胜过家庭里潜化的势力，而况现在乡村小学距良好的程度还差得远呢？家庭若是没有好习惯，好榜样，要专靠学校来教育儿童，是没有多大的效力。当父母兄姊的人，若是不与教育合作，教师的工作算是白费。所以家庭教育比学校教育还要紧。要有良好的家庭，非先教育一般父兄母姊，使他们都有知识都有好习惯不可。现在各处的乡村平民学校，都免不了有许多学龄儿童。这种情形，不是由于办乡村平民学校的人，故意招收学龄儿童，是因为乡村小学太少，这一般学龄儿童，没有地方去读书。又因为他们的父母，对于普通小学没有信仰，嫌日子太长，课程太难，所以他们都送他们的儿女上平民学校。平民学校本来是不收学龄儿童的，但是处这样的情形，不能不稍为变通办理。将来乡村小学多了，义务教育普及，自然就没有这样的事了。现在直隶保定各处的乡村平民学校许多学龄儿童学生，毕业后都转入正式小学。有许多地方，从前没有小学，对于教育缺乏信仰。等到看见平民学校的成绩，才晓得教育的需要，因此大家集款，设立小学。有几处居然把平民学校改成小学校了。所以乡村平民教育与乡村义务教育，不但是没有冲突，而且能补助义务教育之不逮，使有早日普及的可能。

四　推行乡村平民教育的人对于平民教育应当彻底了解的几点

（一）平民教育之现时目的

平民教育的工作，在今日的中国，是专为一般失学的青年和成人，谋读书求学的机会，使他们在短期内，都得着中华民国国民应有的最低限度的教育。

（二）平民教育的特点

平民教育是在研究一般失学的青年和成人失学的原因，设法解决他们求学的困难，使他们都有领受教育的可能。所以平民教育有以下的几个特点：

（1）最经济的：（甲）时间上，（乙）金钱上；

（2）最简便的；

（3）最适合生活上需要的。

（三）平民教育的范围

平民教育的范围决不板滞，可伸可缩，是随时势的要求而定的。现时平民教育的范围如下：

（1）先从识字教育入手，使不识字的平民，都能运用最普通的"基本汉字"。

（2）借此"基本汉字"，介绍相当的常识。

（3）教授已识"基本汉字"的人"注音字母"，并借此"注音字母"之能力，介绍其他常用的汉字，且增长他们读书看报的能力。

（4）使已受识字教育的人，得继续求学，领受下列各种需要的知识及训练：

（甲）关于卫生的；

（乙）关于公民的，（包括政治，法律，历史，地理，修身）；

（丙）关于生计的（农工商）；

（丁）关于实用科学的；

（戊）关于日常应用文件的；

（己）关于正当游戏娱乐的。

（四）平民教育的方法

平民教育有两种方法：

（1）学校式的；

（2）非学校式的。

学校式的平民教育，有下列的几种：

（甲）初级平民学校；

（乙）高级平民学校；

（丙）工读平民学校。

非学校式的平民教育有下列各种：

（甲）讲演会；

（乙）展览会；

（丙）书报室；

（丁）博物馆；

（戊）新剧团；

（己）公园；

（庚）俱乐会；

（辛）公民运动（如国庆纪念，国耻纪念等）；

（壬）问字处。

五 乡村初级平民学校的课程

初级平民学校，是学校式平民教育的初步，注重识字教育。城市的初级平民学校一年可办三期，每四个月为一期。乡村的初级平民学校，只能在农暇期内开办，所以一年只能办一期。但是城市初级平民学校的学生，多是工商界的人，他们的时间，不十分充裕，每日至多上课一小时或两小时。乡村初级平民学校的学生，都是农人。他们在农忙期内，虽然不能上学，在农暇期内，时间却是非常活动，每日可以读五六小时的书。所以乡村初级平民学校，可以有较为完备的课程。今将乡村初级平民学校课程的科目及时间的分配，拟列如下。各地方可按特别情形及需要，斟酌增减。

科目	每次时间（分钟）	期限
识字	60	一百天
写字	30	四个月
唱歌	5～15	四个月
游戏	10～60	四个月
珠算	30～60	四个月
注音字母	30～60	二十天
讲演	0～60	每周一次

注意：

（1）星期日仍照常上课，不必休息。

（2）写字一门工课，若课堂的时间，不敷分配，可令学生回家练习。

（3）唱歌不必有准定的时间，可于上课及下课时行之。

（4）游戏亦不必规定时间，可于每两课之间，作柔软体操十分钟。其他各种游戏及运动可于课外行之。

（5）珠算不必每天都有。若无教师教授，可从缺。

（6）注音字母，最好在识字一科完毕后加入，即以替代识字的时间。

六、乡村高级平民学校的课程

高级平民学校，为适应初级平民学校毕业生继续求学的需要。课程的组织，自然要繁杂一点。在城市一方面，因一般平民时间的缺乏，高级平民学校不易设立。在乡村一方面，第一年的初级平民学校，第二年可改为高级平民学校。若初级平民学校续招新生，可另设高级平民学校。总之在农暇期内，农人的时间充裕，每日可按照课程履行。今暂拟定乡村高级平民学校课程如下。各地方可斟酌损益，务求适应社会及个人生活的需要。

科目	每次时间（分钟）	期限
国语	60	四个月
习字	30	四个月
卫生常识	30	四个月
公民常识	30	四个月
珠算	30	四个月
唱歌	10~12	四个月
游戏运动	10~60	四个月
农艺	60	四个月
讲演	60	每周一次

注意：

（1）卫生常识及公民常识，须注重实地练习。

（2）农艺一科能否设立，应以设备及教员为标准。

（3）乡村平民学校，不必有星期例假，可照常上课。

七　组织乡村平民学校的几个问题

（1）校屋　平民学校是依据经济原则的，自然不能去建设新校舍。普通的平民学校，都是借现成学校的课室。夜间上课，以免冲突。但平民学校不必定要借学校的房舍。凡是空闲宽阔的屋子，都可借用。在城市，平民学校校屋问题，较易解决，因各种机关局所甚多也。在乡村除小学校之教室而外，可用以作平民学校校屋的，有下列的几个地方：

（甲）庙宇　（乙）教堂　（丙）民房

据去岁直隶保定各县的调查，乡村平民学校设在教堂内者，占百分之四十九；设在民房内者，占百分之三十五；设在学校内者，占百分之十二；设在庙宇内者，占百分之三。教堂中设立之平民学校，在此区内占最多数，因该处教会最热心提倡平民教育也。

平民学校果应设在何处，似不必拘定，总以因地制宜为善。小学教室可借，即借小学；教堂可借，即借教堂；庙宇可借，即借庙宇；民房可借，即借民房；要在当地士绅热心提倡，各界群力赞助，校屋问题，不难解决也。

（2）教师　校屋觅定后，第二个问题，就是教师。关于教师，有几个问题：

（甲）资格　什么人可以做平民学校的教师？有什么资格才可以做平民学校的教师？这个问题，不十分容易答复，因为自平民教育运动发生以来，还没有人去审查过平民学校教员的资格。普通说来，似乎凡是读书识字的人，都可担任平民学校的教席。严格的说来，平民学校的教员，也不是容易做的。做过大学教授的先生们，也未必在平民学校里能"胜任愉快"，因为教一般平民识字读书，也是一种专门的学问，须特别研究教他们的方法，才能收教育上伟大的效率，不是随便教一教，就会有很满意的成绩的。而况教员是学生的领袖，他的一举一动，学生都当做模范。所以我们对平民学校教员的资格，不能不慎重审查一下。今试拟定几种标准如下：

（子）平民学校教员，最低应有初小毕业程度。

（丑）平民学校教员，应有高尚的人格和良好的习惯。

（寅）平民学校教员，应有强健的身体。

（卯）平民学校教员，应有牺牲服务的精神，温厚忍耐的态度。

在城市一方面，人才众多，师资易觅。在乡村一方面，人才缺乏，合于（子）项资格者，亦不甚多，故有时只可迁就，但无论其学问之深浅，其人格，身体，习惯，精神，态度，必须优美无疵，始能为人师表，"循循善诱"，"诲人不倦"，有始有终，不致畏难苟安，半途而废也。

（乙）年龄　年龄一层，可以不必拘定，凡资格相符者，均可担任平民学校教师。但至小似乎不宜在二十岁以下，至老不得过六十岁以上，因年龄太小则易受人欺蔑，年龄太大则精力不足，难于支持也。

（丙）待遇　平民学校本经济的原则，故平民学校教师，均系义务性质，不领薪金。凡私人社会团体组织的平民学校，都是这样办法。但官厅设立的平民学校，多半在小学校里，教员都是小学教员兼任。他们平日所得之薪金，本属有限。今又为平民教育出力，昼夜勤劳。官厅为体恤起见，多有加给津贴的办法，一二二元不等，视官款之来源及多少而定。

有些大城市里的平民学校，也有给教员车马费的。所给的多少，依当地之生活程度而定。总之，平民学校教员，若是"毛遂自荐"，热心服务的人，自然可以不要津贴。若是团体或官厅物色的平民学校教员，绝不能勉强他们去尽义务。最好还津贴他们一点钱，使他们负责去教书，不能任意来去，使教务不致因此而受影响。

（丁）训练　许多平民学校教员，固然是已经做过教员的。但是他们虽然教过小学，或是别的学校，他们对于不识字的青年及成人，却是没有经验。而况且现在许多在平民学校教书的先生们，从来没有教过别人的书。这个教书的事，不是一件容易的事，在大学校里做过教授的人，也未必便能在平民学校里做一个好教师，因为平民学校有平民学校的环境和情形，在平民学校受教的人，有他们的特种资格和程度。平民学校的课程和教材教具，也有他们的特色，所以平民学校的教学法，也须特别的研究，结果方能美满。再者平民学校的教员，同时也是管理员。他们不但要会教书，还要懂得怎样去管理学生，使他们都能够循规蹈矩，兴高采烈的来读书求学。所以平民学校的教师，必须熟知平民学校的教学法和管理法。关于这两件事，最好由本地提倡平民教育的团体，与平民教育促进会接洽，请他们派专员帮助。在平民学校未开学之前，先组织一个讲习会，把平民教育的真义、目的、范围和教学法、管理法，均传习与平民学校教员，使他们都彻底明了他们的工作和责任，方能收获良好的成绩。

（3）教具　平民学校，是本经济的主义，"因陋就简"；但应有的教具，也得设备。今假定某初级平民学校，有学生三十人，其需要之书籍物品，开列如下：

平民千字课	三十部
平民千字课教学法	一部
平民学校唱歌教科书	三十部
平民学校游戏教科书	三十部
平民学校习字帖	三十册
黑板	一块
粉笔	一匣
石板	三十块
石笔	一百枝
国旗	一面
校旗	一面

以上各书物为平民学校所必需者。如校款充足，可添置皮球一

个，世界地图一幅，中华民国全图一幅。如平民学校设在普通小学校内，则黑板，国旗，及地图等，均可借用，勿须另制。至于课室中所用之桌凳，所费甚巨，绝非平民学校所能购置，故不列入。凡非热心人士为平民学校设备捐助特款者，除上列之需要物品外，其余均须借用。

（4）经费　平民学校虽是最经济的，也要一个最低限度的经费。平民学校所需的费用，随地方情形时期而不同。如城市平民学校一切设备易于借用，便可省去许多花费。乡村平民学校用品均须自置，需费自然要多些。又如在日间上课的平民学校，便可省去灯油一笔出款。在天暖的时候，平民学校可开露天班，在树下草地围坐，连桌凳都可不要。西北察绥所办的平民学校，多在屋中大炕上教读，也不需用桌凳。在冬季开办的夜学校，不但要灯油，还要炉火；所以这两项经费，也须加在预算表上。据去岁直隶保定各县平民学校的报告，每校平均每月灯炉两项经费，均需三元。乡村平民学校所需各费，列表于下。各地方按照本地生活情形，以此作为参考，斟酌增减。

（一）临时门

黑板一块	三元
粉笔一匣	二角
国旗一面	二元
校旗一面	一元
中华民国小地图一幅	一角五分
平民千字课一部（教师用）	一角二分
平民千字课教学法一部（教师用）	四角
平民学校唱歌教科书一本（教师用）	三角
平民学校游戏教科书一本（教师用）	四角
实用学生字典一本	四角
毕业证书三十张	七角五分
共计	八元七角二分

(二）经常门

灯油（四个月）　　四元
炉火（四个月）　　八元
纸张杂费　　　　　一元
共计　　　　　　　十三元
总计两项共二十一元七角二分

学生用之千字课本及习字帖两项未列入，因为我们主张课本由学生花钱购置，以免将平民教育办成一种慈善教育，养成学生依赖的性质。如有十分贫苦的学生，无力购书者，可由承办平民教育之机关或团体，另筹专款买书与学生借用。毕业后，或收回，或作奖品。如借用课本之学生，有中途辍学者，所借之课本，必须缴还。

八　办乡村平民学校的人应注意的几件事

在乡村办平民学校，说起来容易，做起来难。但是事在人为，有志的人做事，迟早总会成功的。许多提倡乡村平民教育设立乡村平民学校的人，起初本抱了一片热心，偶然遇见几个难题，便束手无策，想不出解决的方法来，便意冷心灰，踟蹰不前。还有许多人，已经办过一期平民学校，成绩也不错，但是第二期便打不起精神来再去提倡，平民教育因此便停顿了。这样"半途而废"，"前功尽弃"，岂不可惜。所以办平民教育的人，务要具一个决心，把本地不识字的青年成人，都教成识字读书的人，一个"文盲"也不剩，才算完事。非这样，平民教育不会发展，也绝不会有普及的日子。至于各种难题，自然是要想方法去解决，今将关于乡村平民教育最普通的几件事，提倡推行的人不能不注意的，略述如下：

（1）怎样招生呢？这件事，有许多人觉得最不容易办。他们常说："我们平民学校校屋有了，教师也请好了，经费也筹得了，就是没有人到我们学校里来念书"。这种现象，是由于他们不知道招生的方法。他们只用那贴广告的笨法子，盼望有人来报名，却不想不识字的人,如何能看广告。就是有那些能看广告的人,他们又不一定就去通知那些不识字的人。所以要靠广告去招生,其效力差不多等于零。他们提倡平民教育的人,也不去想一想,那些乡村的人民,对于教育本来没有甚么信仰,把识字读书也没有看得十分要紧,有时候你去劝他们,费了许多口舌,他们还是三心二意的,抱一个"千呼万唤始出来"的态度。若是只凭一张纸,便想有人看了来上学,岂不是做梦?所以我们对于一般无知识的农民,要格外用些工夫。今将帮助乡村平民学校招生的几个方法列下:

（甲）借本村小学或是教堂,开平民教育讲演会。开会的时候,若是有平民教育画张,幻灯影片,留音机,活动电影等助兴最妙。这些工具,可以向平民教育促进会商借,为的是引诱听讲的人。最要紧的,是讲员务要将识字的益处和不识字的害处,说得明白透彻。若能叫听的人都以不识字不读书为可耻,那就有效力了。然后再报告平民学校的成立和办法,劝他们报名入学,他们也就愿意来了。

（乙）乡村常有集日和庙会,这是一个宣传平民教育的机会。在那天可以选一个热闹的地方,借一张桌子,站在上面,指着平民教育画张演讲,听的人一定不少。

（丙）最稳定的方法,是把村里有名望热心作事的人请出来,托他们去尽一点奔走的劳苦,挨门挨户的去把平民学校的办法说明,劝不识字的人报名念书。若是他们知道上平民学校与他们的工作没有冲突,也不花费什么钱,他们自然不会怀疑不来的。

（2）怎样去筹经费呢?乡村平民学校经费本是有限,但是在穷乡僻壤的地方,一下子要筹出十多块钱来,也不十分容易。现时各处乡村平民学校的经费,有三个来源:

（甲）官厅指定的特款;

（乙）教会捐助的款项;

（丙）地方热心士绅的私捐。

在这三种款项里,（甲）项本是最好的办法。可惜现在时局不靖，各处教育税收，完全挪作军用，何日恢复原状，尚不可知。（乙）项本是暂时的性质，但是为提倡平民教育加募的款，多少不定，也不是久远而可靠的。（丙）项较为稳定，但是能捐助和愿捐助的人不多，所以也不能普遍。最好是各村办各村的平民教育，由村正副或负有声望的人，出来提倡，在本村的青苗款上，每亩加收几个铜元；或在庙会捐款项下，每年拨几成作为本村平民学校经费，至多不过二三十元，便绰绰有余。这笔款子并不难筹，只要乡村中领袖人热心负责，规定数目，众人通过，便一劳永逸了。这种办法，也是依照民治主义的精神，自助自动，比依赖官款或私捐强得多了。

（3）怎样能使学生不旷课呢？乡村平民学校一个最普通的难题，就是学生的旷课问题。有许多乡村平民学校，在开学的几天，没有一个学生不来。渐渐来的人，一天比一天少了。到后来，上学的人太少，几乎开不成班了。当教师的人，没有办法，只得停课。这真是徒劳无功了。学生旷课是常有的事，不过当教师的要知道学生旷课的原故，想方法去替他们解决困难。虽然总免不了有旷课的学生，但是几个人不致影响全局。普通学生旷课，不外下列几个原因：

（甲）自己有病；

（乙）家中长辈有病；

（丙）家中有婚事；

（丁）家中有丧事；

（戊）家中工作加忙；

（己）田地工作加忙；

（庚）自己迟钝跟不上班；

（辛）教师不会教，教过还是不懂；

（壬）受教师责备，同学嘲笑；

（癸）觉得到平民学校读书，是件苦事，毫无乐趣。

在这几个旷课原因里，（甲）到（己）都是情有可原。（庚）

到（癸）虽是也有理由，但是可以不必旷课的。因有（甲）至（己）的原故而旷课的人，不过偶然有之，绝不会多，不十分要紧。若是有（庚）至（癸）的原故而旷课的，教师却不能不注意，因为有这些原故而旷课的人，绝不止一个。倘不设法防患未然，必至传染全班，停课而后已。

若是一个平民学校里旷课的症候发现，教师就应该立刻侦察旷课的原因，设法补救。但是这样去补救，到底是有点"临时抱佛脚"，或已太晚。最好是先事预防，消除（庚）（辛）（壬）（癸）几个病源，旷课的事情，自然就不会发生或扩大了。防止旷课的方法甚多，要在教师随机应变，因人而施。今将解决旷课的方法，略述如下：

（子）使聪明的学生，帮助迟钝的学生。

（丑）教师另指定钟点，为因事告假的学生补课。

（寅）教师须细心研究教授的方法。讲书的时候，多用问答式；或将课文的事实，使学生表演出来；或用设计法，使他们回家后多用思想。

（卯）教师须特别注意教学法中之"引起动机"一项，多搜集些故事及笑话，使课文不致太觉干燥。

（辰）在识字，写字之外，万不可废去唱歌和游戏；因为两这门科目，是专为提发学生的精神和乐趣而设的，也可以借此使师生及同学间感情格外亲密。

（己）利用奖励及褒劝方法，使学生有名誉心，竞争心，例如凡报名入学的，都给他们一个小国旗徽章。读完第一册千字课的，再给一个红色段条，别在徽章之下。读完第二册千字课的，换给一个白色段条。读完第三册千字课的，换给一个蓝色段条。四册都读完，考试及格的，换给一个红白蓝三色段条。没有读完千字课的，得不着三色段条，自然觉得可耻，便不能不努力了。这种方法，是利用人类的好胜和竞争的心理，很有效力。

与旷课的事相关的，还有一件事，大概各处平民学校都不甚注意，就是招的学生程度不齐，有已经读过书的，有一字不识的。他们的程度不齐，进步自然也不同。教师只注意程度高的走得快的学生，把程度低的走得慢的学生忘记了。而且已经读过别的书的人，再读千字课，自然比没有读过书的人省力气，占便宜，所以在课堂上总显得他们的功课好，使初学的人着急灰心，或是受先生责备，或是受同学嘲笑，便不来了。免除这种情形的方法，就是在招生的时候，务要把他们的程度甄别清楚，使报名入学的人，程度都差不多。最好是先收不识字的人。其余读过书的，无妨用千字课考他们一考，把他们的程度分别出来；或是有千字课第一册的程度，或是有第二册或第三册的程度，按照他们的程度，使他们等着插班。譬如有千字课第一册程度的人，等到第一册教完的时候，便可插班了。这样办法，全班程度一样，学生无高下之别，教师也容易教了。

（4）怎样选择教科书和参考书呢？现在为平民学校编的千字课本，很有几种。没有研究过平民教育教材的人，自然不明了那一种书最适用。笼统的说，没有一种千字课，没有缺点的。这些书不但是在城市不适用，在乡村尤其不适用，因为都没有用科学的方法，根据城市人和乡村人生活的情形和需要，编辑出来的。中华平民教育促进会总会有鉴于此，特地聘请专家，编辑市民千字课和农民千字课。这两部书内的字和材料，都是从城市和乡村日常应用文件，及普通白话书报里选出来的。这两部书的内容和组织，一方面根据城市和乡村人民之需要，一方面根据已有各种千字课之优点及缺点，取其长，去其短，所以比别的书适用而且实用。

平民教育促进会又编辑有平民学校唱歌书，和平民学校游戏书，为初级和高级平民学校课程内唱歌游戏两门功课用的。其他高级平民学校应用的教科书，该会也已经着手编辑。这种书籍，别的教育机关和书局编的也有好几种，但是内容没有经过科学的研究，不甚适用。

关于乡村平民学校学生课外读物，平教总会有"农民"一种报纸，专为乡村平民学校毕业生出版的。该会平民文学部，又已聘定编辑员多人，拟陆续编著平民小丛书及农民小丛书若干种，各种知识，各样体裁，应有尽有。将来汇为大观，为平民文学开一新纪元。凡提倡乡村平民教育，创设乡村平民学校的人，不可不知。论到乡村平民教育的参考书，平教总会已经出了许多种。关于乡村平民教育的报告和材料，也有许多，多半可以赠送的。目录单，可以随时检索。

十四年、十一月于北京中华平民教育促进总会

学生如何利用假期协助
推行乡村平民教育

一 平民教育的重要

平民教育的目的是在使教育普及，人人能识字，并得着共和国民必不可少的普通知识。现在中国的情形，由各方面看来，内忧外患，都是因为有"愚论"而无"兴论"，有"民国"而无"国民"。一个四万万人的国家只有百分之十的人民有读写的能力。这个国家，如何能强？如何能富？如何能抵御外侮？如何能改良内政？一般不读书不识字"睁眼瞎子"的国民，既没有辨别是非的能力，只可作他人的傀儡；又缺乏谋生的技能，分利的人多，生利的人少。此等国民，不但不能为国效力，反为国累。如果中国三万万二千万"文盲"（参见中华教育改进社的报告）不赶紧医治，恐怕在现今智力竞争的世界，没有中国立足之地了。医治这般"文盲"对症下药的方法，就是平民教育。平民教育能使不识字的人，早点得着求知识谋生活的工具，成为共和国家有用的国民。平民教育普及，然后家庭社会各种改良的问题，农工商矿各业振兴的方法，才有解决实施的可能。中国也才有转弱为强转贫为富的希望。

二 平民教育的可能

推行平民教育，不是平民教育促进会独自包办的事。平民教育促进会不过是一个专门研究平民教育的机关，筹备平民教育实施方法的各种工具，并担任鼓吹，提倡，指导，协助的事项。至于平民教育能不能收普及的效果，还要看各地方个人及团体有没有自动的精神。如果中华民国全国的人，都担负一分推行平民教育的责任，尽自己的力量去做，做多少算多少，有钱的人快慷慨捐钱；有知识的人快尽义务教书；失学的人快发奋读书。俗语说得好："天下无难事，只怕有心人。"只要万众一心，群策群力，中国不识字的人，虽然有三万万二千万之多，识字的人只有八千万，若是每一个识字的人担任教四个不识字的人，中国便成了一个教育普及的国家。有人说这是理想上的事办不到，我们且把那些不能教书或是不愿教书的人除去一半，也还有四千万人可以出来当教师。一个人教十个或四五十个人，也可以办得到。四个月的工夫，便可读完一部千字课。这样看来，五年或十年之内，使识字教育在中国普及，并不是一件很难的事。常言道："事在人为。"又道："有志者事竟成。"若是我们中国四万万同胞都具一个决心，非使平民教育五年或十年内普及不可，破釜沉舟不达目的不止，这件事还怕作不成功吗？

三　学生对于平民教育的责任

我们当学生的对于平民教育有什么责任呢？中国学生是极爱国极热心社会的青年；他们是有机会求学的人；他们也是明白世界大势的人；在中华民国国民中，他们是少数，占一个极小的百分比例。普通说来，一百个人里头，也不过三四个人在学堂里读书。再说现今当学生的，不像从前科举时代的儒者，读书只想做官发财，他们都有预备要替社会服务的志愿，常想把他们所学的致诸实用，发展他们的怀抱，所以遇着外邦欺侮，或是权奸卖国，我们中国学生那个不是气愤填胸，奔走呼号，敢说敢做。但是学生的游行示威，抵制外货，种种举动，虽然痛快淋漓，声势浩大，到底只是一种消极的办法，不是正本清源的政策。一般国民，依然沉沉昏睡，如同醉人呆子一样，对于国家的情形，个人的责任，糊糊涂涂，不闻不问。学生无论如何的热心救国，奔走呼号，力竭声嘶，他们只是国民中一小分子。大多数的同胞，无能力为他们的后盾。所以学生的一片爱国热忱。一副牺牲精神，都是白费。岂不可惜！

所以有远识的学生，看见同胞不识字不明白国家情形的人这样的多；又看见中国这样的穷弱危急，都认定救中国的根本问题是要使教育普及，一般国民都应当得着国民必不可少的常识。他们都知道"先知觉后知，先觉觉后觉"是学生的天职。愿意把他们天天在学校里吸收的知识，分一点给那些知识饥荒的人。所以他们知道平民教育的效力及可能的，都奋勇去提倡平民教育。凡是已经举办过平民教育的地方，学生是办事人中最热心最重要的份子。他们出来帮助宣传招生或担任教书的，非常踊跃。而且他们做事，都是能任劳任怨，不避艰难，不存自私自利之心。他们的魄力和识见，是不可多得的。

四　假期是学生推行平民教育的好机会

学生对于推行平民教育虽然有牺牲服务的精神，但是他们平日专为求学，余暇有限，多半是有心无力。有时他们在繁重的课程之外，组织平民学校，这样不怕烦劳，一面学一面做，实在令人钦佩。可惜他们办的平民学校因为课忙，受精神和时间的限制，收效都是很少；而且不是个个学校都能设立平民学校的。所以这样的对于平民教育服务，成绩虽然可观，到底是美中不足。

学生最有闲暇能做事的时候，就是在春暑寒各假期中，在这些假期内，学生多半回家，离开平日领受知识的机会，置身于知识缺乏文化闭塞的社会人群中间，做一个天然的知识媒介。有许多学生，在假期内回到自己的乡村里。在现今教育未普及的中国，读书求学的人，是乡村里不多见的。所以一个中学或大学的学生到乡下去，他的文化势力，是很可注意的，现在中国各处许多乡村社会改良的事，多半是学生鼓吹创办的。我近来在直隶北方乡下调查乡民的生活，学生与绅董合力办的平民学校童子军等，是亲眼看见的。

五　学生应利用假期推行乡村平民教育

每逢假期的时候，各学校的同学，多半预备回家。在假期内推行乡村平民教育，最是相宜。在寒假内做这样的事，比别的时候更为容易。何以见得？

第一层：寒假正在农事停息的时期。在这期内，一般农民多是游手好闲，无事可做，他们的时间，最是充裕。若是在这个期内为他们办一个学校，劝他们读书，他们是最容易来的。

第二层：寒假也正是旧历年节的时候，乡村人民都是兴高采烈，欢欢喜喜，比平常特别有精神。有许多地方，在旧历正月十五左右，迎神赛会，非常热闹，若是利用这个时机，趁着农民的高兴，把识字的益处，与不识字的害处，输入农民的脑筋里，提醒他们，使他们都以不识字不读书为耻，发愤立志，及时求学，岂不是平民教育发展的一个好机会？

在春假及暑假期内推行乡村平民教育，不如在寒假时容易，因为那时正是农忙的时候，农人都没有闲暇来读书听讲，但是逢庙会或是集日，仍然可以作种种宣传工夫。

在夏天的时候，午后十二点至三点，农民多半停止田间工作，吃了饭，便围坐地上谈天，此时间也大可利用。总之须审酌各地方情形，风俗习惯，因地制宜，因人设施，自可收事半功倍之效也。

六　假期内推行乡村平民教育的办法

这样看来，当学生的如果能利用假期，在各人的乡村里提倡平民教育，收效一定很快。我现在把学生在寒假内推行乡村平民教育的几条办法说出，以作各位同志的参考：

（一）在放假的前几天，先与本地或本省的平民教育促进会，或中华平民教育促进会总会接洽，索取关于平民教育的印刷品，为回乡宣传的材料。

（二）如本地或附近的平民教育促进会有为推行平民教育召集讲习会之举者，最好到会参与讨论推行乡村平民教育各种计划。

（三）回家之后，学生对于平民教育可作的事很多。要在因地制宜，随机应变。今将学生能作的几件事列下：

（甲）在家的时候，可把平民千字课教给家里不识字的人。

（乙）与亲戚朋友会面的时候，可把平民教育的需要与推行方法，作谈话的资料，劝他们也去为平民教育尽力。

（丙）访本乡负有名望的绅董，和行政人员，如县长，教育局长，警察所长，村正副等，对他们鼓吹平民教育的重要。请他们组织平民教育促进机关，协力提倡平民教育。

（丁）联络同志组织演讲团，四处去劝人识字读书，把不识字的害处，与识字的益处，与他们讲解明白，最好利用本地市集或庙会的机关，作游行演讲展览等事。

（戊）在旧历庆祝过年的时候，组织一个游艺会，用新剧把平民教育的重要表演出来，并可借此筹款，作创办平民学校的经费。

（己）联络同志及本乡小学教师，借用本乡小学校址，先办一两个平民学校，以作先导。

（四）假满回校的时候，把假期内个人对于平民教育的工作与经验，详细记载出来，送到附近县立或省立平民教育促进会，及中华平民教育促进会总会。如果自己会照像，最好把经历的事项，择要随时摄影。一并汇交办平民教育的机关。他们可以编入报告，作宣传推行的材料。

（五）回校之后，课暇可把自己对于平民教育的经验和意见写一篇文章，送与本校或本地的报纸或国内各种教育杂志，请他们登出，以引起各界人士对于平民教育的兴趣。

（六）还有一层，学生必须特别注意：就是假期内所作关于推行乡村平民教育的事业，不论大小，总要与本地热心人士合力进行，不要使本地的平民教育因提倡创办的人离去，便受影响，有半途而废的危险。并通知本县或本省平民教育促进会协助一切，使幼稚的乡村平民教育，可以发荣增茂，根深蒂固。回校后，仍时时与本乡人士通信，策划各项改进的方法。等到下次假期的时候，再回家继续鼓吹提倡，同时并筹备第二步第三步的乡村平民教育事业。要是这样办去，有始有终，便不致徒劳无功了。

以上提议的几件事，都是很容易行的。学生是推行平民教育的人才，也是实施平民教育的重要分子。只要他们拿定主意，在假期内替平民教育尽点义务，提高民智，造福人群，平民教育普及问题，是不难解决的了。

视察保定乡村平民教育的报告

近来各处平民教育发达的报告很多，但是大半都是关于城市里的平民教育，乡村平民教育的消息却是非常缺少。我现在把我在直隶清苑县视察乡村平民教育的经验和感想，撮要说一说，作为一般研究乡村教育人士的参考。

我这次的视察，是在直隶保定清苑县。我去年（民国十三年）十一月里，曾到该处去过一次，那时候该县各乡村还没有平民教育的影子。我是同晏阳初先生应保定公理会的约请，去调查该处实施乡村平民教育的可能。我们走了十几个村庄，到处鼓吹演说，又在清苑县张登镇召集了一个教师会议，附近各村庄的国民学校教员和学董及村正村佐来听讲的有几十位。后来我们回到保定，又召集了一个传习会，把平民教育的原理，历史和组织的方法手续，都详细的讲明。这个会一连开了两天。保定有二十多县。这次来听讲的人，代表十几县。

我们回到北京不久，就接到各处报告乡村平民学校成立的经过。不到三个月的工夫，保定各县成立的乡村平民学校已有二百余处，学生总数达五千人，一多半是保定公理会的人鼓吹设立的，一小半是本地热心绅董自动经营及官厅提倡组织。

我接到他们的报告后，拟出一个调查表，请他们填写。现在填好寄回来的调查表，已有七十余份。至于这个调查表的统计，因为数目太少，不能够代表大多数的实在情形，所以还须稍缓才能宣布他的结果。

以上所说的，不过补叙从前的事，为这篇记载作一个"导言"，现在我要"言归正传了"。

我四月九日由北京赴保定。十一日由保定赴张登。张登是清苑县的一个大镇，在京汉铁路未修成以前，为南北大道要冲，现在虽然不如从前热闹，但是阴历一六两日，附近各村农民仍往该镇"赶集"。（注，北京土语，就是赴市场交易买卖的意思。）每逢集日，车马辐辏，百货云集。

张登附近十个村庄的平民学校，这次联合举行毕业礼。毕业的学生，本来有四百多人，但是经过毕业考试之后，只有一百二十五个人及格。这一带的乡村平民学校，都归公理会领袖杨序东先生管理。他就算是张登附近各村庄平民学校的校长。这次十个学校的毕业考试，都是他亲自去办理的。他考得很严，不够八十分的，不能及格。

他们规定四月十一日在张登举行毕业大会，请我去演说。我是去年冬天到那里去过的，和他们已经认得。听见他们有这样快的好成绩，我自然是非常高兴去帮助他们。

四月十日的晚上，我同保定公理会胡本德先生到张登。当晚便与杨序东先生讨论毕业会的会序。又买了几十张大纸，把各村平民学校的名字写上去当作旗子；又在本镇鞭子铺里借了几十根鞭子来当作旗杆。

四月十一日的早晨，各村庄平民学校的教员学生陆续前来。先来的学生，我们教他们唱京兆尹薛子良先生编的劝勤学歌（歌词见后面的附录）。后来十处平民学校的学生都到齐了。这十处平民学校是：北王庄，南王庄，北邓村，南邓村，蒋家庄，杨家庄，传家庄，段家庄，半壁店，蔡家营振铃开会。会所是借用张登福音堂的大屋。校长杨序东先生把拟好的会序宣布出来如下：

张登附近各村庄平民学校第一次毕业大会会序

午前

一、唱歌比赛

二、识字比赛

三、写字比赛

午后

一、排队游行

二、校长训词

三、中华平民教育促进会总会代表演说

四、发文凭

五、发奖品

六、照像

他们比赛唱歌的时候，最是有趣。许多歌都是他们乡村的土歌，如同：过年歌，戒缠足歌，苏武留胡歌等。还有人唱福音堂的圣诗。只有段家庄平民学校的学生，会唱平民教育歌。这个歌是去年冬天我和晏阳初先生在那里教他们的。（歌词见后面的附录）

比赛识字的法子，是由每处平民学校举出一个代表来。我在黑板上把四本千字课里的字捡笔画多意思深的，叫他们一个一个的认。认得的，还要讲解字的用处。比赛的结果，是十个学生里头六个落了第，剩下四个，巧逢敌手，总没有一个考下来，就算他们都是第一。

写字比赛，是由杨序东先生裁判。后来也是剩了四个人，不分优劣。前半截的会序完了，由杨序东先生替他们预备午饭。

午后一点钟，重新齐集。各村平民学校，都排成队伍，打着校旗。此外我们还做有"人人识字"，"不识字是睁眼瞎子"，"平民教育普及"，"平民教育运动"等各种旗帜。又从北王庄请来一队中国细乐队助兴。张登同仁学校的学生，在前唱歌引路。全队在镇上大街游行一周。乐音悠扬，歌声嘹亮，把全镇的人都惊动了。男男女女，扶老携幼，来看热闹，真是该镇空前的举动。一般不识字的睁眼瞎子，平时有人去演讲，劝他们读书，他们不去听；有招生的广告，他们不会看；但是这种热闹的游行，却把他们惊醒了。他们虽然不认得字，却向别人打听这是什么事。所以游行运动，对于不识字无知识的人，确有一种伟大的感动力。

我们的游行队伍，后来到了一个广场上。我们把毕业的学生，排成"平民"二字。

游行完了，回到会场略一休息，便继续开会。先由校长杨序东先生致训词，随即介绍我演说。我借这个机会，对各村平民学校教师，毕业的学生及未毕业的学生；把他们各人应当注意的事，简单地提一提。

我对各学校教师说话的要点是：（一）称赞他们的热心毅力；（二）希望他们继续进行，再招新生；（三）劝他们每星期至少开会一次，帮助毕业学生读农民报；（四）请他们介绍农民报与村中识字的人，并时时投稿。

我对毕业学生说话的要点是：（一）奖誉他们读书的苦心；（二）盼望他们虚心继续求学，不可知足，不可自骄；（三）勉励他们帮助别人，负"先知觉后知"的责任；（四）鼓吹他们组织毕业同学会，互助合作，为将来改良乡村社会各种问题之准备。

我对未毕业的学生说话的要点是：（一）他们这次考试没有及格的，不必失望，应该赶紧温习，预备补考；（二）没有读完书的人，要努力发奋，拿已经毕业的人作榜样。

因为旁听的人不少，我又把不识字的害处，和教育不普及与共和国家的利害关系，解释了一回。接着我们便发文凭，一共发了一百二十五张。文凭是由保定公理会购赠的。我们在保定的时候，曾到清苑县公署，要求县长在每张文凭上用一个印，为的是郑重其事，也可以提起毕业学生的高兴。

清苑县知事申梦奇先生，是本地人，热心服务桑梓，对于本县教育事业，力求刷新，他已经在保定城里组织了一个平民教育促进会，他并且愿意作一个大规模的乡村平民教育运动，打算在凡有国民小学的村庄里，都附设一个平民学校。

发了文凭，我们又发奖品与比赛唱歌，识字，写字，优胜的学生。公理会干事胡本德先生，送给予赛各学生每人一张洋画。我从总会带来许多平民教育小丛刊，和商务印书馆出版的平民小丛书，分赠优胜各生及各校教师。

发完了奖，同仁学校的学生，唱了一个庆贺平校毕业同学歌（歌词见后面的附录），随后我们便与各校教员和毕业生照像作纪念。散会的时候，已经日落西山了。

这次毕业的十个乡村平民学校里，有一个学校有特别注意的价值。这个学校是段家庄的平民学校。这个学校的教员，自己也是一个学生。因为这个村里识字的人少，他每天下午带了千字课到邻村去找人教他一课，晚间回到本村来教他的学生。他共有四十多个学生。他的学生成绩最好。这次唱歌、识字、写字，三种比赛，他们都占优胜，真是难得罕见的事。

这次一百二十五个毕业学生里头，最老的是四十八，岁最小的是十岁，最多的是十六岁。我在张登帮助他们举行毕业礼之后，又在附近各村庄里视察了一回。各村里的平民学校，有已办完第一期的，有快要举行毕业的，有正在组织开办的，有继续进行招收新生的。有几处平民学校关了门，或是因为教师走了，无人继续担任教授；或是因为农忙的时期到了，学生事多，不能再来；或是因为本地织布工业恢复，（注，直隶保定各县农人冬季以织布为业的很多。去冬因直奉战争，各处织布工业均停顿。今春棉线的来源与布匹的销路复畅，各处织机又活了）从前织布的学生，都回去作工了。各处情形不同，我们不能盼望处处都有一样的好成绩。但是我们对于乡村人民的经济生活状况，及农业工业的兴衰情形，必须详细的考查研究，才能解决乡村平民教育的各项难题。

这次视察教我最满意的有三件事：

第一件事是平民学校毕业的学生们，都能看我们出的农民报。我在好几个村里，把平民学校的毕业生找来，拿一份农民报叫他们读，他们居然又会读，又会讲。有时报上有几个熟字他们偶然忘记了，或是有几个生字他们认不得，但是并没有多大的妨碍，他们仍然能明白那一句或那一段的大意。

第二件事教我满意的是：许多乡村平民学校已经把农民报上每期登的游戏实地练习。我到他们村里的时候，他们叫我指导他们做游戏。报上的游戏，他们都会了，还要央求我教新的。我只得"搜索枯肠"，把我知道的户外游戏，都教给他们，他们是非常快乐。有几处拉着我不要我走，硬叫我住下，教他们游戏。我想游戏这件事，是农民最需要的。农民的生活极苦，"日出而作，日入而息。"冬季他们虽然比较闲暇，但是没有正当的消遣娱乐。所以在过旧历年的时候，一般游手好闲的乡民，便群聚赌博，于经济上，身体上，道德上，均有莫大的妨害。现在天暖，我们应当提倡户外游戏，秋后便须介绍各种户内游戏。这也是改良乡村社会一件不可缓的事。

第三件教我满意的事是：在这次毕业大会我提倡组织毕业同学会之后，有几处村庄的平民学校毕业生已经进行组织。段家庄的平民学校的学生，在那天毕业大会闭幕之后，他们就立刻把他们本村的毕业同学会组织成立了。我对于这种毕业同学会，有很大的希望，因为这些平民学校毕业的学生，就是乡村知识界中人。将来他们的人数加增，知识程度提高，对于乡村各种社会改良的事，定能竭力帮助。

前面我曾提到我们办的农民报，现在我把这个报的宗旨说一说：我们这个报，是专为乡村平民学校的毕业学生办的，所以报上的字都是根据平民千字课上的字。每期也有十多个生字，但都是寻常日用的字。乡村平民学校的学生看这个报，不但可以认得许多应用的字，又可以得着许多农事和普通知识。在各种相当平民读物未刊行未通用之前，这个报是乡村平民学校继续教育的一种好工具。现在这个报不只乡村平民学校的学生看，乡下识字的人也都喜欢看，连城市的人，也有订看的。中国从来没有乡村报纸。我们这个农民报，可以说是在这一条路上作一个开创的人。我们对于这个报的内容，力求改良，以应农民的需要。我们希望他的前途有伟大的发展。我们还盼望各处平民教育诸同志也照样的多办几个白话报，给乡村人民看。这样做去，平民教育渐渐的普及，人民的知识程度渐渐的提高，国家的根基也就渐渐的稳固了。

以上所述的不过是保定清苑县一部分的乡村平民教育的概况。现在保定各县由官厅，或绅董，或教会，及各慈善机关设立的平民学校，有报告根据的，有四百余处，学生有一万多人。其中获鹿县一处，我今年二月间曾亲往参与该县平民教育促进会成立大会，并召集全县小学教员，开一个讲习会，传习千字课教授法。现在保定各县乡村平民学校陆续准备毕业的，一天比一天多，京兆二十县也拟定平民教育推广和普及的具体办法，分期进行。我们已经接到三河，宝坻，良乡，三县的信，报告他们已经设立的平民学校的数目。现在通县又有全县大规模运动的计划，已经知会我们去帮忙。我们对于京兆全区平民教育的发展，有很大的希望。我因为述说这次视察乡村平民教育的经验，借这个机会，把别处乡村平民教育的情形，也略提一点，以后关于京兆及他省区乡村平民教育的实施和进行，还须另篇记载，兹不赘述。

附　　录

一　劝勤学歌（京兆尹编）

我爹娘供我读书　望我能显扬　光阴一去不再来　勤学莫废荒
正在青年不努力　到老徒悲伤　自古将相本无种　男儿当自强

二　平民教育歌（中华平民教育促进会总会编）

平民教育　邦国之根　开通我社会　改造我家庭　莘莘学子
破除黑暗见光明　发扬我中华　民族之精神

三　读书好歌（刘文清编）

（一）读书好　读书好　读书就是无价宝　不读书　不识字　如同瞎子看不着

（二）人家读书你不读　人家好了你不好　读书之事真有益　能写会算不受欺

（三）把你请到高位上　人人都是待你好　亲戚朋友都称赞　父母弟兄也说妙

（四）书本里头有黄金　金银财宝用不尽　讲古论今都知道　胜似不读书的好

四　庆贺平民学校毕业同学歌（张登同仁学校编）

（一）平校诸君今毕业　大家一堂共庆贺　捷足先登有心人　诸君实欢欣踊跃　庆庆庆　平校诸君毕业　庆庆庆　平校诸君毕业　庆我诸君　庆我诸君　庆我诸君今毕业

（二）贺诸君苦读一冬　千字课能写会用　字句意逐一讲通　贺诸君手擎文凭　贺贺贺　诸君手擎文凭　贺贺贺　诸君手擎文凭　贺我诸君　贺我诸君　贺我诸君擎文凭

（三）请诸君爱惜光阴　继续求学益精深　躬亲行诸君所得　造幸福社会人群　望望望　诸君造福人群　望望望　诸君造福人群　望我诸君　望我诸君福人群

五　苏武留胡歌

苏武留胡终不辱　雪地共冰天　穷愁十九年　渴饮雪　饥吞毡　牧羊北海边　心存汉社稷　旄落犹未还　历尽难中难　心如铁石之坚　夜坐塞上时　听笳声入耳痛心酸

转眼北风吹　雁群汉关飞　白发娘　望儿归　红妆守空帏　三更同入梦

两地谁梦谁　任海枯石烂　大节定不少亏　能使匈奴惊心碎胆共服汉德威

直隶京兆信用合作社社员如何
能协助推行乡村平民教育

（十四年十二月一日晚在京兆
合作社社员大会会场讲）

诸位先生！你们诸位不辞辛苦，远道奔波来到北京；又当着时局不靖的时候，冒着危险，来开会讨论关于改良乡村社会生活的问题。我代表中华平民教育促进会总会欢迎诸君！可惜我们现在会所太窄小，不便开会欢迎。明年诸位再到北京来，我们定要补请，并要诸位参观批评我们的工作。

我是一个办平民教育的人。我的专责是办乡村平民教育。诸位知道我们为什么要在乡下办平民学校吗？请听我简单的说一说：

第一，从本身上说，人人必得识字读书。

人是万物之灵。人所以与禽兽不同，因为人除了吃睡工作而外，还有语言文字，记载已往的历史，流通现在的消息，并且把有用有益的事留传后世永久存在。人若是不识字读书，只会吃，只会睡，与牛马猪狗有什么分别？诸位还记得三字经上的两句话；"人不学，不如物"吗？孔夫子也说过："逸居而无教，则近于禽兽。"

人若不识字，譬如有眼无珠。睁着两双大眼，一个大字不识。这种人叫做睁眼瞎子。不识字的人处处吃亏上当，处处受人欺骗。我常听见人说，某处乡下妇人把她丈夫的当票拿来糊窗子；某处农人的地契被人家改了，还不知道，后来打官司，把田地都断给别人；还有许多乡下人，自己不会写信，也不会看信，求人写信，请人看信，把家里的私事都给人家知道了。

再说呢，中国各处的方言土语最多。广东省的人到北京来，一句话也不懂。但是他如果会写会认，他就能把自己的意思写在纸上告诉别人；别人也可以把要说的话写在纸上告诉他，彼此都明白了。一个聋子若是能识字，虽然听不见人讲话，却是会看报会看书。一个哑子若是能识字，虽然说不出话来，却是会把肚皮里的意思写出来给人知道。若是人不会写字，又不能识字，一旦聋了，哑了，也就是个瞎子傻子了。所以这样说来，人若是不识字不读书，就算不得一个完全人，虽然有五官四肢，只是个吃饭的运动，怎么能算得万物之灵呢？

第二，从生计上说来，人人必得识字读书。

现在中国穷人很多。为什么穷人多呢？因为他们不会谋生，不会谋生因为缺乏知识，缺乏知识因为没有教育。你看中国的农民，一年比一年穷，打的粮食不够养家；遇见水灾旱灾虫害病害，他们都是束手无策，听天由命；有很肥的地不知道开垦，有很好的山坡不会栽树，有很近的水源不知道用来灌溉，耕种不得法，种子不会挑选，没有合作的组织，没有运输的方法，水旱虫病不知道防备救护，一年四季，就靠两双手去做活，一辈子辛辛苦苦的，吃得不饱，穿得不暖，真是可怜！还要替国家上税纳粮，有时弄得入不敷出，饥寒交迫，不去做匪，就去当兵。所以中国的农业越弄越糟，农民越闹越穷。再看西洋各国的农民，吃得好，穿得好，住得好，粮食也长得好，也出得多，旱灾水灾虫害病害都很少，因为他们讲水利，灌溉得法；又在不能耕的荒地上到处栽树，节制水流，防护土壤；又用各种的机器耕种，用科学的法则，选种子，制肥料，防范害粮食的病虫。所以他们的粮食越出越多，农业一天比一天发达，农民一天比一天富足。美国的农民，几乎家家都有一辆电汽车。中国的农民，有骡车牛车的都不多，真是相差有天渊之别。到底是什么缘故呢？西洋各国的农民有教育，中国的农民没有教育。所以外国的农学家常说："中国的农民只有两双手；外国农民除了两双手,还有一个脑壳,也能做,也能想。"中国的农民只会糊里糊涂的做;外国农民想出好方法来才做。这就是受过教育与没有受过教育的分别。外国农民差不多个个人都识字读书;中国农民识字读书的,一百人里找不出十个来。你说那能和人相比呢?

第三,从国家上说,人人必得识字读书。

世界上文明国家各有各的文字,除非是非洲的野人,他们的生活还是与中国上古的人一样,茹毛饮血,穴居野处,他们是没有文字的。一国的文字,一国的人无论男女老幼,都应该知道。知道本国文字的人越多,国家越强;知道本国文字的人越少,国家越弱。你看现今世界各强国,如美国,英国,法国,德国,以至于我们东邻的日本,他们识字国民的人数,都在百分之九十以上。我们中国识字的人数,一百个人里头不过一二十个人。在乡村不识字的人更多,一百个人里头就有九十多个人不识字。诸位想想,民为邦本,若是人民又愚又穷,国家如何能强能富?在从前专制时代,一切政权在皇帝手中,做百姓的除非要做官才去读书;现在中国是个民国,民国的政府是人民组织的,民国政府的首领是大总统,大总统是国会选举的,国会的议员是人民的代表,他们也是人民公举的。还有,地方办自治,一切大小人员,都要人民投票选举。请问不识字的人这样多,选举如何能够办得好,又如何能够选出能做事有本事的人?所以现在各处办选举,都是少数人在那里操纵把持,营私舞弊,大多数的人不闻不问,随他们去乱做。请问做国民的都放弃了国民的责任,如何能组织好政府?如何能有富强的国家?现在赃官污吏,军阀政客,横行无忌,欺压人民,都是因为国民自己不管事的缘故。在一个共和国中,人民是主人翁;行政官及带兵的,都是人民的公仆雇用来做事的。当主人翁的不管事,仆人自然就要随便了。所以现在要整顿中国,应该先从普及教育入手。人人都能识字读书,有了国民必不可少的知识,然后才能做健全的国民。有了健全的国民,才能有富强的国家。现在中国在国际上处处吃亏,在外交上处处失败,都是因为中国人民教育不普及,知识程度太低,叫人家看不起。古人说："人必自侮，然后人侮之。"就是这个原故。现在我们天天谈国耻。不识字的人这样的多，才真是一个大国耻！我们大家应该赶紧想方法去雪这个国耻。雪这个国耻最简便最速成的方法，就是办平民教育。

我把平民教育最要紧的三个大理由已经说了。你们诸位也都明白平民教育的急需了。现在等我再把乡村平民学校的办法与诸位谈谈。

第一是经费。

在乡下办平民学校，经费用不了多少。据我所知道的，平均每一个学生不过花三四角钱，便可读完一部千字课。怎么会这么便宜呢？因为我们办平民教育，比不得办别的教育。我们要力求省俭，花钱越少越好。教书的地方主借用，教员以尽义务为标准，读本由学生自备。此外应花的钱，只有灯油炉火，每月平均至多不过五元。这样办法最是经济。因为在现在这个时代办教育，不经济便不容易举办，更不容易普遍。

第二是校舍。

在乡下办平民学校，校舍并不难找。最好是借用现在的小学校教室，因为桌椅黑板各样应用的东西都是现成的。没有小学校的地方，或是在大村庄里头要多办几处平民学校，可以找空闲的庙宇，祠堂，会所（如信用合作社的会所）或是借用民房。一切设备可以请村里热心的人捐助。在保定各县乡村里，有许多平民学校，就是本地绅士创办的。房子是一个人借给的，桌子板凳黑板是几个人捐助的，灯油炉炭又是别人捐助的，只是书要学生自己买。买不起书的，还有人捐钱买来送给他们。这样的平民学校，完全是本地人创办，不靠外人帮助，有独立自助的精神，才能永久存在。

第三是教师。

有了经费，有了校舍，第三个问题就是教师。乡村平民学校的教师，不如城市平民学校的教师好请，因为乡村读书识字的人太少，不容易找程度高的人来当平民学校教师。许多地方都是请小学校的教员尽义务。没有小学校的地方,或是小学校的教员不能兼任的,可以请村子里读过书的人担任。直隶清苑县有一个村子,他们去年冬天立了一处平民学校,但是请不到教师。他们招的学生里,有一位二十多岁的少年,自愿白天到邻村的平民学校去学一课,晚上回到本村来教别人。后来他们的平民学校也毕了业,考试及格的有二十多个人。考试的时候,与别的村庄的平民学校学生比赛,他们居然考第一。可见得天下无难事,只要有心人。就是全村里没有一个人读过书,还可以照这个办法。难道村子里真找不出一个人来教书吗?乡村平民学校教师最好是尽义务,一来为平民学校省经费,二来也是一种练习服务社会的事业。好在一天只教一两点钟,不致妨害别的工作。乡村的人虽然不如城市的人活泼,但是热心的人也不少。只要办平民学校的人提起精神热诚毅力地去做,别人自然也愿意来帮忙的。

第四是课本。

现在各处平民学校用的书是平民千字课。平民千字课不只一种。现在各处用的有商务印书馆的平民千字课,有青年协会的平民千字课,有中华书局的平民千字课,有世界书局的平民千字课。这几种千字课各有各的长处,也各有各的短处。青年协会的书编得最早,经过好几次修改,不过价钱比别的书要贵些。每本四分钱,四本共一角六分。别的书都是一角二分钱一部。商务印书馆的千字课,是中华平民教育促进会会总编的。里面的字和教材,都经过一番科学的研究和审查。现在用这种书的地方最多。总会因为这部书还有许多缺点,今年夏天又修改了一次。修改好的千字课,明年正月便可出版。世界书局的千字课,和中华书局的千字课,用的人不多。这两部书都是今年才出版,内容各有不同。世界书局的书比较好些。我对于乡村平民学校还打算另编一部与农人合用的书,不一定也是千字课,内中的字和材料,都要从农人的生活与日用的文件里挑选。我现在已经起首搜求材料。大约还需一年半才编得好。

第五是学生。

经费，校舍，教师，读本，都有了。最后的一件事，就是招生。有许多人对我说："在乡下办平民学校，别的事情都好办，最难的就是招生。"我不信这是真正的情形，因为我知道乡下人虽然没有城市的人那样开通，他们也都知道识字读书的好处，提起识字，没有人不愿意来的，为什么平民学校招生来的人不多呢？其中有几个缘故：（一）许多的人生计太困难。他们一天到晚做活，尽靠两双手吃饭，没有财力能读书，也没有心来读书。（二）许多的人家里的事太忙。父母妻子都靠自己照料，又要耕田犁地，又要买吃买穿，实在没有闲工夫去读书。（三）又有一般人，虽然知道读书好，但是又怕读书难，听说古人十年寒窗苦用心，才博得一个功名，还是从小时就读起，他们自己以为年纪大了，记性坏了，那里再能够读书呢！（四）还有一般人对于平民学校没有信仰，也不明白平民学校的办法。他们以为平民学校还是像从前的私塾一样。四书五经念了好多年还是不通。从前读书为的是做官，现在官已经不靠读书才能做。请问费去许多光阴和心力读这些书，有什么用处？（五）还有一个原因，就是办平民学校的人，招生不得法。他们应该挨门挨户的去调查不识字的人。把平民学校的办法对他们说明，把识字读书的益处与不识字读书的害处，对他们也讲透彻，把他们的一切疑惑解释清楚，他们自然没有不愿意读书的。

　　还有一个为招生作先锋的法子，就是在招生之前，组织一个游行运动，请村里的小学校的学生们，联合别的团体，打着旗，唱着歌，喊着口号，还可以借些锣鼓喇叭吹吹打打，热热闹闹，在村子里走几遍。男男女女，老老少少，一定都要出来看看；他们一定要问这是什么事？就把平民学校的办法告诉他们。要趁着这个机会，开个讲演会，请一两位口齿清楚的先生，把识字的利害剀切的讲明，鼓动他们读书的念头。过几天再去挨门挨户的招生，不用多费唇舌，就可得着很好的效果。因为一般人心里都有了平民教育的观念和影响了。

　　组织乡村平民学校的方法，大概是不外乎上面说的几件事。但是提倡鼓吹，还是要靠几位热心有志的人去做。现在直隶京兆各处的平民学校，有由官厅创办的，有由教会创办的，有由本地绅董创办的，也有由官厅教会绅董合办的。据我个人的意见，最好是地方上的人士自己来办。因为官厅的提倡虽然普遍，有时候官厅不尽可靠。遇着一位贤明的长官热心平民教育，本地的平民学校便大大进步。若是这个长官走了，换一位不热心平民教育的人，不想法替平民教育筹经费，平民学校就要关门。这样人存则政举，人亡则政息，平民教育万不能脚踏实地的往前走。教会办的平民学校，虽然许多办得很有精神，到底是一个义务辅助的性质。不是根本解决中国平民教育的方法。他们也只能够暂时维持，不能够永久的做去。总而言之，教育这件事是与生活有密切关系的。本地的教育，应该由本地人自动的提倡，一来可以练习自立自助的精神，不致养成依赖的性质；二来自己出力，自己花钱，自己得利益。按着本地的情形，大家和衷共济的，筹划永久维持的方法。这就是共和国家人民自治的根本原则。

我已经把乡村平民教育的办法大概说过了。不清楚不详细的地方，请诸位参观我们出版的为什么要办乡村平民教育，推行乡村平民教育须知两本书，多少可以得到点帮助。你们诸位都是信用合作社的社员，是热心提倡乡村里合作事业的。平民教育也是要大家合作才办得好。信用合作社的目的是改良生计，是经济上的合作。平民教育的目的是提高知识，是教育上的合作，有了经济上的合作，再有教育上的合作，乡村社会改良的根基才算坚固。经济改进，农民生财有道，农业也逐渐发达，仓廪足，衣食足，农民可以安居乐业，高枕无忧。但是有吃有穿，若是没有知识，于本身于社会于国家都有很大的危险。况且知识是人生必需的东西，强国齐家不可少的利器。所以我们一面要养，一面要教。教养兼施，国家自然富强。

平民教育是求知识的捷径，是最经济的，是最简便的，也是最普遍的。换句话说，就是用最短的时间，最少的经费，供给一般失学的青年和成人最要紧最实用的知识。诸位办信用合作社的先生们，拿合作的精神与合作的机关来提倡平民教育，平民教育更容易发达。将来是有合作社的地方，我们都要办平民教育；是有平民学校的地方，我们都要提倡信用合作社。平民学校与信用合作社，要像盟兄盟弟，彼此互助，彼此提携。将来信用合作社发达之日，也就是平民教育兴盛之日；平民教育普及之时，也就是信用合作社成功之时了！

平民千字课的教学法

教平校学生甚难,因年龄太不齐,智力心理兴趣个性经验等均不同故也,兹就鄙人所知,为平校教师所应注意之数点,述之于下:

一 时间之分配

千字课本来规定每小时教授一课。城市中人的时间有限,大都如是办理。乡下人的时间较为活动,有时以三小时之时间教授千字课一课者。兹先就城市方面而言,以每一小时教授一课为标准而论,则此一小时之时间,将如何分配?在一小时之内,所应作之事项甚多,若不将时间分配匀当,则不免发生弊害。教师上班时,最好有一助教在旁专管点名等一类之事。如由正教员作之,则此短促之一小时,为点名又将消磨不少也。上堂后第一件应作之事即温习旧课。温习旧课的时间,可自五分钟至十分钟。温习的方法,则由教师视当时之情形,独出心裁,采取适当简便之方法可也。第二件事即教授新课,此中可分为许多节目讨论:(一)引起动机;(二)利用图画;(三)介绍课文(先范读,次随读,后单读,最后默读);(四)介绍生字(利用图画及其他方法,教以字之写法,字之音义,字之用法,字之简写法等);(五)下课之前须指定学生在家之工作。为教师者,对于上课一小时时间之分配,事前应有一详细的规定,以免临时仓皇错乱,遗害生徒也。上面所言,不过略举其大概。详细之分配,赖在教师一己也。

二 学生之年龄与智力

平民学校之学生集合男女老幼于一堂,年龄相差悬殊,智力亦各各不同,若欲强制此等年龄智力大相悬殊之学生,合为一班,教者学者,两受其累,故欲求平民学校收良好之结果,则为教师者,不可不注意学生之年龄与智力。解决此问题之道,惟有分班教学。

三 学生之经验

平校学生之经验,亦各不相同,有农人,有工人,有商人,有男子,有女子,有青年,有成人。即就举例一事而言,合于成人者未必合于青年,合于城市人者未必合于乡村人。故教学之时,须顾及各方面之经验,能分班教授固佳,不能,则不妨多举数例,使学生人人能了解为善。

四 地方风俗与方言

平民学校之学生大都见闻浅窄,有终身行程不过百里者;故所知者,惟本地之风俗,本地之语言。因此平校教师,最好用本地人充之。不知本地风俗人情之教师,不惟不能引起学生学习之兴趣,且不能使学生了解其所言传。

五 自身之言语举止态度

平校之教师,一方面教千字课,一方面尚须对学生作公民的训练,养成学生良好的习惯,作为受第二步教育之基础。使教师而为蓬首垢面,轻浮杂乱,弯腰驼背之人,学生日日在其指导之下,未有不受其潜移默化者也。故非有良好的态度举止之教师，不足以为学生之表率也。

六　注意学生精神与身体上之安慰

我国之平民大都困于穷与忙二事，以致生活非常干枯，精神上身体上均不易得少许慰藉。我以为平校教师，对于此点，应加注意。在千字课之外，应加授音乐游戏等事项，以活泼学生之精神与身体。

七　注意学校之设备

学校之设备与教学之效率有密切之关系。平民学校之设备，虽以简单经济为原则，然亦不可遇事简陋，以致失之枯率与窄隘，有碍卫生。我以为平民学校最重要之设备在教室，教室则以清洁宽大，通空气光线，为不可备之条件。

八　修改书本之错误

通常学校之教师，多过于重视教科书，每以教科书为万全万能之物，有时即印刷之错误，亦不能发现而改正之。我提出此节之用意，在打破崇拜教科书之迷信。凡为教师者，如发现教科书上有何等之错误，或有不合于本地方人情风俗者，无有不可加以修改；虽然，修改亦宜审慎也。

九　课本以外之参考书

人多以教千字课为极易之事，钟声响挟书本而上堂者也，何预备之足云？实则教千字课非预备不可；预备则需参考书，否则故事材料从何出？地方方言之意义从何考？此参考书之不可不备也。今将可供平民学校教师参考之书籍开列于下：

一、辞源（商务）

二、日用百科全书（商务）

三、国语普通辞典（中华书局）

四、校改国音字典（商务出版）

五、注音字母教授法（中华书局）

六、新式白话字典（会文堂）

七、方言字考（会文堂）

八、同音字汇

九、字类标韵

十、字学举隅

十一、行草大字典（有正书局）

十　教千字课前之预备

一、训育的材料

二、知识补充的材料

三、引起动机的材料

四、文法的解释

五、字

（一）写法　正写　俗写

（二）用处　成语　名词

（三）字音　各种读法

（四）字形　相似　偏旁

六、课文中之不妥处及缺点

七、留给学生之工作

十一　千字课之三种教法

千字课约有三种教法：

一、单班教学法

二、挂图教学法

三、幻灯教学法

教学法虽不同，教学原理则大同小异，仅工具不同而已，每上一课其步骤如次：

一、温习旧课　温习字与课文方法以简便为佳，如填字，造句，讲述全课大意等均可，时间以不过十分钟为宜。

二、教授新课

（一）引起动机

（二）介绍课文　范读三遍，又随读三遍，再默读。教师务要注意养成学生默读的习惯，以便读书看报时能增加速率。

（三）介绍生字　字形，字音，字义，字之用法等均须顾到。教生字时可利用图画。先生在黑板上写生字，学生在下面用手书；回家后练习时，再用石板石笔等物书写。比如教"客"字，可以举"客人之客，客气之客，非时刻之刻"以解释之。字之偏旁，亦宜注意，如教"泡"字，则可云此字为一"氵"加上"包"字，如包字之左旁加上"火"字，则成为炮字。加上"食"字则成为"饱"字，一如变戏法然，借此可以训练学生使用字典。字音方面，如教"为"字时，可告以有时可念为"为"（去声）；"行"字有时可念为"行"（平声）。字形方面，则"与"与"兴"，"客"与"容"，"徽"与"微"相似，并使学生察出其相异之处，使其确知此数字之字形。

（四）指定学生回家后之工作

学生每次读过一课后，应在家作家庭温习工作，如习字等须嘱其次日交卷。

（附注）此篇系民国十六年三月十三日在平民教育促进总会会所对平教师范训练班讲辞，由夏君家驹笔记，曾登载于《世界日报》副刊第九卷第六期。

定县乡村平民教育普及的计划和
进行的情形

在这送别民国十五年，欢迎民国十六年的时候，我要对大家报告一桩事。这桩事很要紧，因为他直接关系平教总会乡村教育工作的前途，间接关系我国三万万农民的幸福。因为我们要在十年以内，把我国的"文盲"去除干净，我们就不得不特别注意这大多数失学的农民；因此我们竭力谋乡村平民教育的发展。但是我国土地这样大，人口这样多，乡村人民占全国四分之三以上，不识字的人又十九都在乡间。所以要普及乡村平民教育，绝不是一件很容易的事。我们不能不想一个又简便，又速成，又稳妥的计划。凡是一种大规模的工作，一定要先做一个精确的试验。这个试验不但要预备很有研究的方法和工具，并且要选一个相当的地点，为试验的区域。我国地大物博，万不能选一个地方，就可以代表全国的。所以平教总会，把全国划分为七大区，此七大区为：华东，华西，华南，华北，华中，及东北，西北。又因为各区内风俗，习惯，出产，和社会的需要，各不相同，所以每区内应选择一个适中地点，作一个彻底的试验。

在现在这种干戈扰攘，兵连祸结的时代，平民教育很受影响。但是绝不能因噎废食，停止进行，我们更要鼓起精神，奋勇向前。我们在七大区内，虽然不能同时举行试验的工作，但是我们可以先在华北一区举办。去年我们已经选定京兆通县为华北平教试验场。后因近畿一带战事剧烈，通县正当其冲，人民所受损失甚大，不便在该县作此等运动，因此另选直隶定县，为华北平教的试验区。

定县在自治上，教育上，已经是直隶省的模范县。而且近两年来，该地平民学校亦很发达。地点也比通县适中，所以我们决定在定县实施我们的计划。我们在定县工作的步骤如下：

（一）关于接洽的：

1. 与本地的官厅接洽；

2. 与本地的自治机关接洽；

3. 与本地的绅董接洽；

4. 与本地的教育局及各学校教职员接洽；

5. 与本地各村村长佐接洽。

（二）关于宣传的：

1. 与本地各机关团体领袖讨论平教办法；

2. 在县议会讲演；

3. 在各学校讲演；

4. 在教育局对视学员及学务委员讲演；

5. 在县城及各大村镇集日对农民讲演。

（三）关于实施的：

1. 请县长责成各村村长佐及牌长调查各村不识字人数，并于今冬每村至少设立平民学校一处；

2. 请县长责成各自治区警察区官，督察各村平民学校进行情形，随时呈报；

3. 请县教育局长在全县各学校内附设平民学校；

4. 请县教育局长饬视学员及学务委员兼负视察全县官立及私立平民学校之责；

5. 请县议会通过提倡平民教育案；

6. 请县议会各议员在本村提倡平民教育；

7. 请当地各大绅董提倡平民教育；

8. 派干事赴各村讲演并与村长佐直接联络。

以上各项都已经一件一件的举办。我们乡村教育部及研究调查科，都曾派干事到定县去向各方接洽及讲演，并派专员常川驻定，筹备进行。总会除在定县推行平教之外，又本教养兼施的主义，同时研究该县农业问题，并拟在该县设立农事试验示范场，及农业传习所，教导一般青年农民。

    民国十六年元旦日，于平民教育促进总会会所
    （附注）此文曾在《农民》第六十七期发表

南通平民教育的希望及前途

南通以中国之模范县称，学校林立，凡大学、中学、小学、幼稚园、师范以及各种专门与职业学校、残废盲哑孤儿老人等院，无所不备，独于平民学校，则如凤毛麟角。考其内容，亦不过贫民学校之变相，非吾侪提倡平民教育者，所谓之平民学校也。其故安在？

予久耳南通盛名，欲游未果。今夏因应东南金陵两大学之聘，担任暑期学校，乃乡村教育讲习会讲席。事毕，因赴沪，便道至通，得偿夙愿。连日参观，并与当地人士接谈，获益良多。友人以提倡南通平民教育下问，爰不揣固陋，仅就管见所及，与热心平教诸君子一商榷之。

今日之平民教育，非昔日之贫民教育。办贫民教育易，办平民教育难。平民教育与贫民教育不同之处甚多，今只就最显明之三点略述之：

（一）贫民教育乃为穷苦无力求学之人而设。此等人不过全国未受教育者之一小部分。平民教育则为一般失学之青年及成人而设。以每百人中不识字者十人计算，四万万人中，至少有三万万二千万不识字之人，除去七千三百万未入学之学龄儿童，尚有二万四千七百万人，其中贫富贵贱均有，不过贫者居多数耳。

（二）贫民教育是一种慈善教育。而平民教育则不然，本平民主义之精神，辅助失学之青年成人，得一种相当实用之教育，俾成为健全有为自尊自助之国民。其有真正贫苦无力购买书籍者，由校借与之，用后归还，或作奖品，总以养成努力自动求学，无倚赖他人之习惯为主旨。

（三）贫民学校无一定之目的，一定之组织，一定之期限，一定之课程，一定之经费，一处有一处的办法，各不相同。平民学校则不然，按求学者之程度，分初高两级，各四个月，初级以识字为主要科目，高级以公民常识为主要科目。此外更有所谓平民工读学校，半工半读，俾无业之人各选一业，谋生计之独立，实行教养兼施之计划。更规定训练教师，筹募经费，编辑适当课本等科学方法，务期简而易行，俾收普遍之功效，而达普及之目的。

（四）据上述三点观之，今日之平民教育，其范围，其需要，其进行推广之方法，与慈善式随意式之贫民教育迥乎不同，非有大规模之计划不可。此中华平民教育促进会所以孜孜于是，一面鼓吹宣传，俾全国人士知平民教育运动之重要，与其在今日各种教育中之地位及关系；一面根据科学原则，积极研究平民应有之各种读物，及平民学校之管理法、教学法、视学制度、师资训练、课程编制等具体方法；更在华北华东华南华中华西五区内，举行城市及乡村各项试验，以期推广；各省区，各市埠，各县，各镇，各乡村，亦组织平教分会，因地制宜，以利进行、现全国已有二十行省，四特别区，成立分会，其他市埠的，县的，镇的，乡村的平教分会，亦闻风兴起，争先恐后，虽多数组织尚属幼稚，无何若成绩之可言，然其勃然蔚然之气象，努力合作之精神，良可观已。

江苏省为平民教育运动发祥之地，南京首创设平民教育促进会，而全国总会亦系在上海筹备成立。据江苏省平民教育促进会民国十四年报告，各县之提倡平民教育，设立促进会者，已有四十余县，其他各县亦多在筹备中。南通为教育兴盛之区，独于平民教育一项，尚沈寂无闻，岂以僻处一隅，未受平教育波涛之激荡耶？抑当地人士汲汲于他种教育之改进，而无余力以兼顾耶？抑因热心平教，知其重要，愿尽力提倡，而于平教办法尚缺研究，所谓知其然而不知其所以然耶？兹就此次观察所得，拟出具体办法数条，管见未必有当，但愚者千虑，或有一得可供采择也。

1. 校舍　平民教育本经济的原则，校址均系借用。南通现有小学三百余处，连其他各种学校，统计不下四百余处。如每处附设平民学校一所，立时即可有平民学校四百余所。

2. 教员　各校附设之平民学校，即以各校之教职员担任教授。

3. 期限　四个月为一期，与他处相同。城市每年可办三期或两期；乡村因农忙关系，每年只可在冬季办一期。

4. 经费　平民学校经费最是有限。据已办过有成绩的平民学校所得统计，平均城市平民学校每一期约需二十五元，乡村平民学校每一期约需二十元，用途如下：

教员津贴　城市每月五元，乡村一元至三元。

灯油炉火　每月约需三元。

纸张杂费　每月约需一元。

毕业证书费　每校以三十名学生计算，约需一元。

课本一项不列入预算，因课本最好使学生自购，以免蹈慈善教育之覆辙，而养成学生倚赖之性质，及不知保惜书本之习惯。

按上列预算，城市平民学校至多只费二十五元，乡村平民学校至多不过二十元，以学生三十人平均之，每人担负不过七八角钱耳。以七八角钱可使一失学的青年或成人读四个月的书，又不需开办费，不得不谓之最经济最简便最速成之教育矣。

再者南通实业兴盛，棉业尤称发达，当地各自治机关及各项公益事业，多赖此项收入维持改进。南通士绅对于小学教育之发展，已有相当计划。今全县小学校数，已超过前此预定额数，将来尚拟筹齐固定基金，以谋义务教育之普及，斯诚善已。但平民教育所费无几，而又与各种教育各项事业均有密切之关系。试问城市中有无数无教育无知识之工人，乡村中有无数无教育无知识之农人，社会如何可以成为安全文明之社会？家庭中有无教育无知识之父母兄姊，学校如何可以收教育之效率？家庭不能与学校联络，儿童有愚陋之父母兄姊，教师不能得合作之助，家庭潜化之势力，足以摧残学校教育而有余。故今日义务教育必须借助于平民教育，方可达到普及之目的，如铁道之双轨，并行不悖，而且互相依赖，互相辅助，此提倡小学教育者之不可不注意平民教育也。

吾又闻南通有所谓垦牧乡者，就新辟之地，组织新村，规模宏大，于教育一端，尤汲汲进行，务期适应当地之需要，此根本之计划也。吾愿主持该地教育事业者，不但于小学教育彻底研究改良方法，于平民教育亦须积极进行，两者合一，经济既可节省，效率亦必伟大。最好先选一处作一试验，考其成绩，然后推广之，庶几不犯盲试之嫌，而无偾事之虞矣。

总之，吾对南通之平教前途，毫无悲观，反有无穷之希望，何也？南通平教之迟缓，非南通之人不知平教之重要也，尚未从事研究具体进行之方法，而不愿轻于举办耳。此南通人士持重稳健之美德也。以南通人士平日奋斗维新之精神，倘知平教推广之步骤，及简便实施之方法，吾信南通平民教育之必蒸蒸日上，如大江之一泻千里，其进步必不可限量也。南通今日平教之不能振作，是南通之缺点；他日南通之平民教育，或亦为全国平民教育之模范，孰知之乎？南通热心平民教育诸君子，其勉之哉！

民国十五年七月一日草于沪上旅次

在河北省定县乡间的一段日记

民国十五年冬，平民教育促进会决意在河北省定县作大规模之乡村平民教育实验。彼时余尚担任该会乡村教育部主任之职，曾到定县去过数次，与本地官绅接洽。在定县城东三十里之翟城村，设立办事处一所，即以该村为实验区中心。十六年春，村董米迪刚，米阶平等，征得村人同意，将该村公地千余亩，借与平民教育促进会作农业试验，并将村内三官庙，改为农业科学研究处，请该会生计教育科主任冯梯霞主持其事。余本欲于是年春由北平移居其处，帮助农民，实行自身农民生活化的主义，因赶编农民千字课，迟迟未能成行。是年九月，农民千字课全书稿已草成，送请平津各教育家批评改正后，即可付梓。余遂决定下乡。其时奉晋已绝交，风声日紧，京汉线交通即可有隔断之虞，亲友多有阻余出外者。余意甚坚决，不为所动；且以已与定县乡间同人有约，必须于十月初前往。冯梯霞君亦欲于是时到乡间进行农业工作。吾等遂定于十月一日由北平南下。到定县后，奉晋两方已开火。翟城村适当其冲。吾等饱受虚惊，几陷身炮窟。至十月二十日，始与冯君等，由定县逃至保定，又由保定绕道天津回平。亲友闻定县一带战事之剧烈也，以为余或已遭不幸，初不料吾等之平安返平也。至今虽事过境迁，回忆当时所处之环境，实非常危险。顷友人有询及当时目击耳闻之事，爰从行箧中检出日记数页相示，并撮数言以志其端。

十月一日　余与平教总会同事冯梯霞关启文等五人由北京赴定州。是时报载京绥线奉晋两军已开火，京汉线亦有发生冲突之谣传。但由北京至正定之火车，仍照常开驶，并无惊惶之象，沿途亦未见有何战事动作。至保定车站虽见停有铁甲车数辆，但亦未见有升火南下之准备。火车抵定州后，即停止不再前进。驻定军队纷纷开往曲阳，城关大车皆被拉役，实验区农场派来接余等之车，亦被拉去。至此，始知前途已发生战事。但定州尚安靖如常也。抵定后，借宿于城内社会教育办事处。

十月二日　余与诸同事抵平教实验区之翟城村。闻村人云，昨日有逃兵二十余人经过，抢有他村骡马数头；到本地时，又拉去东口某姓之驴一头。

十月三日　余与关君及练习生郎王二君，往访翟城村育正小学校校长张君，行至村中十字街，见街上行人均露惊惶之色，并切切耳语，曰："又至矣！"即闻马蹄声得得，有衣军服佩自来得之兵四人，乘马疾驰而过；最后一兵牵一匹大骡。村人有识之者，指告余曰："此邻村某姓家之骡也！"幸彼辈未在翟城停留，否则此村不免蹂躏矣。

晚，晤农场练习生张君云：此数兵经过农场时，见道旁竖立之黑漆白字木门。一兵驱骑入场。张君适欲外出，兵见之，即问曰："这是养牲口的地方吗？"张君答曰："不是！这是平教总会的农场。"兵四顾无他物，惟猪数头，鸡数百耳。遂转身告其同伴曰："我们走吧！"乃复驰去。幸农场之大骡已在定州被拉兵差，不然亦将不免，此亦不幸中之幸，所谓"塞翁失马安知非福"也。

同事刘君因探听农场大车消息，在定州车站寄宿二日，返翟城时，途中经过北齐村，因便往访该村村正，谈平校事。正谈论间，忽轰然一声，一枪弹穿墙而入，中一方桌腿上，相去不及尺，危矣哉！村正骇极。刘君亦恐再生不测，即告辞，骑自行车驰出该村。事后探询，始知即当日经过翟城偷骡之逃兵，在北齐村茶馆门前，因诈索不遂，放枪示威，枪弹恰洞村正屋后之墙，而入其室也。

十月四日　午前与同事于君赴东汉西汉塞里三村，接洽表演平民学校，只会见西汉村村长，谈甚洽。彼极赞成此种表演办法，并允代觅教员投考。归途遇拾柴拾粪青年数人，咸问"识字会"何时开？"识字会"者，即乡村人民称平民学校之土语；盖此数青年均今春未毕业之平校学生也。

是日午前，闻有大批奉军，由清风店开往东亭，经过北齐村，去翟城仅六里。午后西南风顺，闻炮声隆隆不息。有自该方来者云："奉晋两军正夹沙河而战"。沙河系实验区之南界，距翟城不过二十里耳。

晚有人自定州城来云："城已被晋军占领，奉军已自动撤退。"吾辈因消息渐恶，炮声亦愈紧，颇摇摇不能安心工作；然仍镇定处之，不愿作无谓之惊扰。是晚就寝后，余辗转不能成寐，时已夜半，突闻枪声联珠起，不过数里远近，余惊起，唤醒诸同事，蹑足开办事处前门，将左右两邻倚寄墙边之黍秸，（即高粱秆）潜移至门前，将大门完全遮蔽，自外观之，俨然一高墙耳。移遮甫毕，又闻枪声连续起，即趋入，紧闭双扉；并以桌椅木板石块等，自内堵之。约二三分钟后，即闻跑步声，橐橐过门前；盖办事处之大门，正对村南大路，入村，即见此门，幸已堵闭，又因黑夜，外来者不细察，不知也。少顷，即闻枪声劈劈拍拍，已在村中。吾辈均屏息不敢高声谈笑，直至天明，始各慰问，以为无事矣。乃枪声又发二乡，咸惊咋不知所为。幸此后即静寂无声。村人均起。邻人某，逾墙入，告以村中米姓家被抢，骡马三头被牵去，主人被绑票协走；幸其家人立刻以洋百五十元追赎释回，否则有性命之忧矣。事后询查究竟，始知昨夕之扰乱，乃因驻留附近东亭镇之奉军哗变，四散劫掠。翟城虽亦受害，较之邻村，其损失固甚微也。

十月五日　村人多闭门不敢出，田亩中无人工作。余与同事诸人，亦紧闭双扉。厨役则架梯于墙，假道于西邻以取水及食物。大有囚居之概。但仍继续工作，如编辑，誊写，讲习等事。有闻村人问答者，曰："平教会诸位先生害怕吗？"曰："他们怕什么？我还听见他们在内唱歌呢！"

天将午，东邻童子在屋顶惊告曰："大队人马至矣！"吾辈亦登屋，由树叶中潜窥，果见村南尘土飞扬，兵士步行如蚁，直奔入村大道，其从容迂缓之状，不似逃兵，必系正式军队无疑，但不辨其属于何方也。少顷其前哨已至村口，某童子呼曰："他们戴的是大帽不是小帽，定是老西兵。"（乡民呼晋军也）于是村众皆下屋开门，出外观望。余与诸同事亦大胆出外，见男女老幼均围集道旁。时南来之军队已入村，左膊缠有国民革命军字样，并执有青天白日旗，始确信其为晋军无疑，但聆其口音，仍多直鲁之人，岂晋军所新招或改编者耶？村人对此客军，殊无惧色；甚有持茶饭以飨之者。盖村人平日对正式军队经过，皆曲意招待，固不分其为南为北；不过初见晋军，又系战胜之军队，不免略为殷勤耳。

是日经过之晋军共约千余。兵士多呈疲劳之状，背负行李食物，及长枪；腰系子弹水壶；衣袋中盛手溜炸弹若干，其木把垂露于外，累累如织梭，行动颇不便。既重且累，无怪乎其长途奔逐，疲劳不堪也。入村后，有呼村中少年为之分负行李者，村人亦即代为负之，无怨色；即怨，亦不可能矣。有询其统率之军官将何往者？答将于次日集中保定，故兼程而进也。

是日午前后，未闻炮声。入夜，炮声复起，然已移至东北，而不在西南矣。大约沙河之战，奉军后退；晋军即追踪北进，过唐河，在保定附近作战矣。

十月六日　午后有飞机自西北方来，合村人民均出外仰观，儿童尤指呼不已；盖该处乡民之见飞机，实破题儿第一遭，无怪乎其少见多怪也。此机自西北来，必系奉军派往侦察晋军情形者，并遥闻轰然之声数响，或该机掷弹炸定州城中之敌人耶？

农场车夫老李自曲阳县回来云：大车在定州西关被拉后，即载送军用品赴曲阳，时奉晋两军已在曲阳开火，往来战地极危险。连长某，喜其为人忠实，及骡之健而速也，命兵士二人押车回定州接其家眷。到定后，寄车于禁烟局。老李识该局卫兵，因请其扣留该车不放行。次日晋军来袭定州，奉军退走。彼遂将车赶至城内福音堂空院寄存，车骡均丝毫未损，亦云幸矣！

晚西北方炮声渐近，似夹唐河而战；唐河距翟城不过十余里耳。吾辈因日夜为声所魇，偶闻车声辚辚，磨声霍霍，亦以为炮声，坐卧不宁，真有风声鹤唳，草木皆兵之概矣。

十月七日　天阴雨，炮声不如昨日之紧，但可仍闻。传闻奉军大队自祁州（即安国县）开来，邀击晋军后路。

十月八九两日　仍阴雨，炮声时断时续，谣言甚多。或云，奉军胜；或云晋军胜。吾辈因数日无军队经过，心渐定，每日仍照常工作。惟出外接洽，暂停止。村民亦多赴田间刨山药（即红薯）及种麦。

十月十日　雨后初晴。是日国庆，照例应放假，因乡间无娱乐场，放假反觉寂寞，无事可做，遂与同事商，仍照常工作。

午后，炮声渐紧，亦渐近，约每分钟四五响，战事似极剧烈。近晚，轰然砰然之声，连续不绝。机关枪、步枪、劈劈啪啪之声，如过新年。村民咸惊骇，奔走呼告。或登屋顶北望，可瞭见炮火之光熊熊然。余与诸同事商，逃兵土匪均不足畏，因尚可以理喻也。独无情之炮火，不可不避。乃将重要文件及银钱收藏隐秘之处，各人身带干粮少许及现洋数元，准备逃走。即不远行，亦须离开住屋，奔至野外，或跳入枯井中藏躲。不然，炮火之下，玉石俱焚，欲逃不得矣。准备已定，而炮声渐稀，枪声亦渐远。入夜，竟微细不闻。或晋军已沿唐河向定州退却乎？于是乃皆放心就寝。然诸人咸和衣而卧。余更辗转反侧，终夜不能成寐。是夜，村中男子分队把守各村口，每处五六十人。试验区办事处大门，正对村南大道，故村人即在门前围坐，并生火烧茶做饭，遇有溃逃兵士，则款待之，以尽地主之谊；但阻其入村，免受扰害。是日恰为阴历九月望日，月明如画。半夜，闻门外人声嘈杂。余蹑足起，出院中潜听，其时外间折干柴声，拉风箱声，拿动碗筷声，喝面汤声，谈笑声，招待声，咒骂声，热闹如赶集，盖村人正款待经过之逃兵也。

十月十一日　闻村人云，昨夜溃兵经过者，约十余起，数人或数十人不等，奉晋两军均有，属于晋军者居多，几有应接不暇之势。幸村人招待得法，未生事端。或有于茶饭外需索车马者，则给以现洋若干以了之。

余与同事诸人商，我等与此间人民感情极洽，且居客位，虽不便与村人协力守卫，应有以慰劳之。其时天气乍寒，棉衣不暖，夜间尤甚，乃醵钱为村人沽白干酒数十斤。每日派四人携往各村口，分送看守者，均感谢不置。如是连送三日。村人举代表数人来致谢，与吾辈谈甚洽，如一家人。吾辈极赞颂村人团体之坚固，及组织之完密，并略讨论兵灾善后办法，及维持永久治安之策。彼辈亦言此后当努力办理平民教育，以开民智，并促进农业改良，以固国本云。

十月十二日　午后，距村南三里之庞村大火，黑烟冲天，男女老幼四散奔逃，来翟城避难者，约数十。据云，日前有逃兵数人至该村，恐为敌人捉获，乃脱去军服，借村人便衣数套，换着后，即逸去。后其同伴来，见军服，疑为村人谋杀，遂召集同伙前来复仇，房屋粮食被焚，银钱手饰被抢，器具什物被毁，车辆牲口被拉，十室九空，洵该村之浩劫也！有某老农，年逾花甲，坐门外干草堆旁。某兵欲焚其草，老农阻之，触其怒，以枪上刺刀洞其腹，五脏尽出，亦惨矣！又有某老妇，已八十余，亦随众人扶杖逃走。如此高年，尚受如是之惊恐，是谁之过欤？

有自东亭镇来者，云，该镇被逃兵土匪抢劫数次，全镇精华都尽，附近大道各村庄，如元光黄家营等处，牲畜十九被拉去。正值冬耕种麦之际，受此损失，农民无以为生矣！

十月十三日　办事处同人步郎二君，冒险出外，赴附近各村庄接洽表演平校事，便道至庞村，其时出亡之村人归家者，尚寥寥无几。屋破墙焦，满目凄凉。遇村中一平校学生，具道遭难之状。正谈说间，遥见一佩枪军人自外而来，一老者先瞥见，呼曰："逃兵又来矣！"即奔避，学生某亦逃跑。步郎二君仓皇不知所以，亦相偕狂奔，不择路，欲避该兵视线，乃右转入一死巷，幸拦路土墙不高，即攀越而过。墙外有井，郎君几坠入。步君则逾墙时跌下，伤手，皮破血流，亦不顾，爬起后，仍狂奔。幸庞村去翟城只三里，半小时已抵家，汗流气喘，衣履皆沾泥土。吾辈见之，不禁哑然失笑。及聆其报告，又不禁为之咋舌也。

办事处同人公议，请同事刘君赴定州探听火车消息，及视察城关一带战后状况。刘君骑自行车前往，至距城十里之西建阳村，即折回，因闻城已被奉军夺回，晋军败退，两军伤亡兵士各数千人。现近城一带拉夫，抬埋死尸，故无人敢进城。

晚有逃兵十余人闯入村中，要索甚苛，势汹汹然。村人善言求之不许，相持不下，村众愈聚愈多。彼等均未携枪械，又见村人团体坚固，且有防备，遂不敢逞。村人款以茶饭，并许其留宿，然终夜令人看守之。次日清晨，即送之出村。彼辈因无所得，怏怏而去。闻至邻村，即抢夺某农人田间之骡，被村众围而捕之，无一漏网者。

十月十四日　半夜，余忽惊醒，闻守夜村人疾呼曰："南去了！快追！"随闻追逐声。余恐有匪来扰，急起披衣静听。久之，未闻何声息，始复宽衣卧，然不能再成寐矣。次晨，询村人昨夜之事，云有一大车半夜经过村南，追而问之。车夫云，系某村人，被军队拉役，方自战地逃回，不敢昼行，故夜遁耳。然吾辈已受虚惊不小矣。

十月十五日　余与同事冯步二君出外视查。村人因战线已南移，逃兵亦渐少，防守不如前之严谨。殷实人家门前之土砖及高粱秆，亦多移除。遇育正学校校长张君于途，相约同往庞村做第二次视查。将入村，见有妇人匍匐一新坟旁，哭甚哀。询诸左近农夫云，此妇有一十三岁之子，日前逃兵在该村逞凶时，被惊骇而死，今日方埋葬。吾辈闻之，为之酸鼻。

入庞村后，首至一家，门破墙倾。入院察视，则土屋数间，半毁于火，余虽未遭祝融之灾，而屋顶均有大孔数个。此乃两老寡妇之家，一婆一媳，婆年逾古稀，媳亦年近耳顺，见吾辈来，哭诉受灾惨状，并指示其衣物器用等具，零落破碎，即锅灶亦被捣毁，无一完整者。呜呼何其毒也！

庞村房屋毁于回禄者甚多。吾辈只看视四五处。该村居民已陆续归家，见吾辈，争来诉苦。村长某，闻吾辈来，亦请至其家察看，房屋墙垣，或毁或焚。渠家系该村最殷实之户，有骡马九匹，战事发生后，渠藏匿其牲口于后院墙角，更以高粱秆为篱遮蔽之，外间不易见也。他家亦仿效其法，以为万全之策矣。孰知逃兵入村后，先攀登屋顶，自高处瞭望，全村之骡马驴牛等，无不洞见，无可隐遁，遂皆掠之去，所剩者惟老弱牲口数头耳。忠厚诚实之农民，苦用心机，仍遭失败，欲保全其制造庄稼的几副活机器，亦不可得，将何以为生耶？

办事处同人议定，今日派刘秦二君及车夫老李，往定州城中，探听火车消息，并将寄存福音堂之骡车赶回。老李步行先去，刘秦两君骑脚踏车后行，将近城门时，恐车为兵所夺，乃埋藏之于蔓草中，令老李看守。刘秦两君，冒险进城，为守城兵士所阻。幸有一青年兵士系北京人，闻刘君操京腔，因问曰："汝北京人乎？"答曰："然"。乃欣然告其同伴放之行；且曰："是吾之乡亲也。"吾国人之重乡谊，于此可见。

刘秦两君进城后，是街市凄凉万状，行人寥寥，惟兵士往来甚多耳。商店铺户全数歇业，且多为炮火所毁。至十字街，有新斩之抢犯人头数颗，高悬电线杆上，血犹涔涔下滴。至北街访某自行车行，则铺门尽毁，暂以破板支持。铺主云："日前两军混战之后，即发生大抢掠。余铺受枪弹五十余发，铺中货物器具皆被击碎，弹丸有洞穿墙间所悬之铁叶轮者。余伏藏床下，幸免于难"。铺内所存现钱及可骑之车辆，均被搜抢净尽。办事处寄存该铺修理之车二辆，亦不翼而飞。刘秦两君，亦无可如何，惟相顾同呼倒霉耳。"

刘秦二君又出定州西门，赴车站探问火车消息，时车站尚戒严，不得入。遥闻西南方炮声隆隆，盖奉晋两军尚相持于新乐曲阳间也。遇附近某客栈伙计，询之，始知兵车已通至保定，但客车尚无售票之消息。乃复入城。进西门时，曾被盘问及检查。入城后，往南街公理会之福音堂看视，堂内住满妇孺，门外悬妇孺救济所牌坊。该堂主任孙君曾在定州西南西北各村，设立平民学校百余所，彼此互助合作之处甚多。孙君云："此次奉晋两军在城内血战数日，此进彼退。终日炮火连天，市民中流弹毙命，或被炮轰破房屋，梁倾栋折，压埋而死者，比比皆是。晋军败退后，城内秩序大乱，监狱被劫，死囚尽逸去，从此四乡更多难矣。福音堂在南街，其四邻均遭炮击，天主堂亦被抢。独福音堂矗立未受损失，乱兵亦未入内。岂上帝念其保救妇孺之功，而暗中护佑耶？老李寄存之车及骡，均安然无恙，但仍不便取出，因军队尚四处拉车也。刘秦两君公务既毕，乃出城，仍骑车回办事处。"

十月十六日　余与驻翟办事处同人商，吾辈与北京总会消息不通，长久困居此处，殊非善策；况经兹战祸，平校进行，及农业推广，生活调查等事，均大受影响；从前所定之计划，均须变更；而试验区受灾最重，各村庄尤不能不筹款赈济。乃议决，余与冯刘二君回京报告一切，并募集赈款，施放急赈。京定通车无日，不能久候，惟有骑自行车直赴保定。保定距翟城一百三十里，若途中无阻，半日可达；且赴京只此一种较近，别无他途。议决后，当日即修补各自行车，办事处原有车六辆，二辆存放定州城内自行车铺修理被抢，尚余四辆，连余个人自有之车共五辆，即冯刘二君与余外，尚有本村干事秦李二君愿陪往保定，因恐途中有逃兵土匪，人多势众，较为稳妥。且秦李二君系本地人，曾步行往来保定翟城数次，道路甚熟，为吾辈向导，亦幸事也。

十月十七日　清晨，余与冯刘秦李四君早起用饭，朝曦甫出，即与留翟诸君握别起身，向西北前进。是日天气尚暖，东北风甚急，迎风而行，颇费力，咸汗流浃背，气喘吁吁。因恐战后途中有逃兵土匪，奋力前进，不敢停留；且绕行小道，村庄多不入，恐村中有歹人潜匿也。行十余里，至唐河南岸，无桥，只得负车涉水而过。吾辈平日骑车，不料今日为车所骑。河宽约五丈，水深没股，且冷冽刺骨，幸河底尚坚不滑，水流亦缓，得安然渡过。上岸后，擦拭干净，仍上车飞奔，经过曹村柳陀庄杨各庄魏村等处。在杨各庄附近，见遍野碎纸破布，并有死骡马。荒田蔓草，四顾凄凉。读李华吊古战场文之"浩浩乎平沙无垠！夐不见人；黯兮惨淡！风悲日曛！蓬断草枯！凛若霜晨！鸟飞不下！兽铤亡群……"之句，不禁有抚今思昔之感矣。询诸附近农人，知奉晋两军曾在此处鏖战。奉军出死力抵抗，盖胜败关系甚大也。所过各村均萧条不堪，茶馆店铺，无一开者，盖均被逃兵抢掠，无一幸免耳。

将抵保定，在郭外遇驻保兵士数人，问吾辈何往。答以将赴北京。彼等甚和气，即对吾辈言，京保火车不通，因涿州有战事。已相持约一星期，涿城内有晋军二团，驻保司令部，已派十一团人去围攻，大约日内可攻下。吾辈本定到保后搭车赴京，至是大失所望。乃往访公理会胡本德君，寄宿其家。胡君云："数日前晋军曾攻至距城八里地点，保定曾一度陷于危境。后奉军由北京开到援军，始将晋军击退。"

十月十八日　吾辈因火车不通，在保候一日，仍无消息，不得已，改乘南海汽车公司之津保长途汽车，决定由天津绕道回京。在保遇唐县完县两处信用合作社社员臧曹二君。彼等亦候车往京，赴华洋义赈救灾总会之讲习会，约请结伴同行，许之。

十月十九日　探得长途汽车明日有开行消息，大众均甚喜。

十月二十日　与冯刘臧曹诸君，由保起身，所乘之汽车机器太旧，行一日始抵马厂，寄宿一小店中。

十月二十一日　由马厂起行，午后二时许抵天津效外三十里之某村，汽车破坏不能再行。适谣传天津拉汽车办兵差，初不之信，嗣遇东来汽车数十辆，均满载面粉，云系开赴马厂，因该地驻军将开往直南一带也。吾辈所乘之车，因是更迟迟不敢进。车机之损坏无法修理，或系汽车车夫之恶作剧，用以欺弄乘客，借以避免兵役者。吾辈每人由保至津付车价八元，途中助司机者推挽不知若干次，最后尚须步行二十余里，真是花钱受罪。乘客共八人，因道路不平，车身颠簸不息，多恶心呕吐。余虽不晕车，处此环境，亦陪吐一二次。苦哉行路之难也！

余与冯刘二君，幸均未带行李，且皆健于步，行一十余里，始遇人力车，即乘之径赴火车站，恰遇第二次特快，甫购票攀登，车已开行，遂于当晚七时抵京。

此段日记所记之事不及三周。此三周中，吾辈所见所闻，有足以惊心动魄，或令人悲叹不忍言者。余记此次在定县乡间之经过，非欲借以夸吾辈冒险之精神，实欲我国社会人士知战争之残暴，人民之痛苦耳。古人云："兵犹火也，不戢将自焚也。"吾愿穷兵黩武者，三复斯言，勿陷国家于万劫不复之境也！

    民国十七年十一月二十三日，于北平西郊燕京大学

一点儿旧的调查统计材料与中国北部乡村平民教育概况的推断

　　这个调查是根据平民教育促进会的乡村平民学校调查表。这个调查表，是在民国十五年冬天寄与河北省南部各县的乡村平民学校的。这些平民学校，是曾经该会正式承认过的。寄出去的调查表，共二百余份。寄回来的共收到一百零二份。调查的事项，共有十二条。今按各条所得的统计，略述于下：

一　校数

男校九十三处。
女校九处。
男女学校共一百零二处。

二　人数

男生一千二百八十七名。
女生一百三十四名。
男女学生共一千四百二十一名。

三　校屋

（甲）借用民房者四十八处。

（乙）借用教堂者二十六处。

（丙）借用乡村小学校者二十一处。

（丁）借用祠堂者五处。

（戊）借用庙宇者二处。

四　主办机关

（甲）本地绅董主办者九处。

（乙）教会主办者八十处。

（丙）教会绅董合办者十三处。

五　经费

（甲）各校入款共五百九十四元零四分。平均每校五元八角二分。

（乙）各校出款五百九十六元五角八分。平均每校五元八角五分，每生四角二分。

六　教员职业资格及年龄

（甲）职业

（一）农五十二人。

（二）士十九人。

（三）商四人。

（四）工三人。

（乙）资格

（一）教过书者十二人。

（二）受过中等以上教育者十一人。

（三）读过书者四十一人。平均每人读过七年书。

（丙）年龄

（一）三十岁以下者三十六人。

（二）三十一岁至四十岁者二十四人

（三）四十岁以上者十八人

七　学生年龄及职业

（甲）年龄

（子）男生年龄

（一）十一岁以下者七十五名。

（二）十一岁至二十岁者八百五十二名。

（三）二十一岁至三十岁者二百五十九名。

（四）三十一岁至四十岁者七十八名。

（五）四十岁以上者二十名。

（六）年龄最小者七岁，年龄最大者五十二岁。

（丑）女生年龄

（一）十一岁以下者四名。

（二）十一岁至二十岁者一百一十名。

（乙）职业

（一）业农者六百七十一名。

（二）业工者四十八名。

（三）业商者三十一名。

（注）只此七百五十名有记录，余六百七十一名无记录。

八　授课时间

（甲）每日上课钟点　答此条者共八十九校，平均每校每日上课二小时又五十分钟。

（乙）星期日照常上课者　只有五十四校，三十五校不上课，十三校未答。

（丙）每日授课数目　只有八十九校答此条。平均每校每日授一课又十分之二。

九　采用课本的种类

（甲）用商务印书馆出版平民教育促进会编辑的千字课者十三校。

（乙）用青年协会出版的千字课者八十一校。

（丙）用世界书局出版的千字课者十六校。

（注）内有同一地方用两样书者八校。

十　千字课外之科目

（甲）游戏　有游戏者六十九校。

（乙）唱歌　有唱歌者八十二校。

（丙）算术　有算术者五十八校。

十一、旷课之人数多无法调查，因开学时人数较少，后来逐渐增加。

（按八十二校答此条，开学时人数共九百五十一名，以后增至一千零四十二人。）

十二、旷课之原因，因家事忙者居多数，因疾病者很少。

按此次调查统计的一百零二处乡村平民学校，共散布在十个县里，列表如下：

县名	校数（校）
饶阳县	二十三
定　县	十八
无极县	二十四
安次县	五
清苑县	十一
高阳县	九
安平县	六
束鹿县	二
曲阳县	一
深县	一

从这次调查的结果，我们可以推论出好几个普遍的特点来，今将各特点列举如下：

一、男校多于女校。

二、男生多于女生。

三、校址以借用民房者最多，借用学校者次之，借用教堂者又次之。

四、教会主办之学校最多。

五、办一处乡村平民学校，只要六块钱。每一个学生平均用不到五角。

六、教员的年龄没有过五十岁的。以二十九以上三十九以下的为最多。

七、教员多半是务农的。

八、教员的程度多半很低，但是也有受过中等以上教育的。

九、学生的年龄多半在十岁二十岁之间，也有十岁以下五十岁以上的。

十、女生年龄没有在二十岁以上的。

十一、学生除业农者占最多数外，业工商者也不少。

十二、每日上课时间，多在两点钟以上。

十三、星期日上课者居多数。

十四、普通每日授一课。

十五、课本采用青年协会出版之千字课者，占大多数。

十六、多半有唱歌游戏算术等科目。

十七、各校学生人数不定，时有退出者，也时有加入者。

十八、旷课或退学之人，多系因家事或农事。

这个调查统计，做得很简单。各条有时只得着一个总数，或平均数。各校的各种不同情形，都没有记下来。可惜这些调查表已经散失，无处可寻；等我发觉，已经太晚了。但是调查不算普遍，统计也不算精确，上面推论出来的特点，却贡献我们不少有用的材料。或者别人看了这些特点，还有点莫明其妙。河北省南部各县的平民教育情形，我因为前几年时常到那里去工作，算是略知道些。现在可以根据我的经验，来讨论讨论上述的各特点。

一、男校多于女校，男生多于女生，可以说是我国乡间的一种普通情形。小学教育如是，平民教育也如是。我国女子教育尚未发达，乡间的妇女，尤其是不注意求学。所以男女的教育更显得有一种畸形的现象。要使乡村男女教育平等，非先开通风气不可。

二、此区内乡村平民学校多借用民房，有两种原因：

（1）是因为乡间小学校及其他公共机关可以借用来作平民学校校屋的很少；（2）是因为各乡村尚不乏热心平民教育的人，愿把家中的屋子借作平民学校之用。所谓"十室之邑必有忠信"。谁说乡间没有人？只要提倡办理得法，乡村平民教育自然容易发达起来。

三、次多数的校屋是教堂，因为这个区内的乡村平民学校，一多半都是保定公理会提倡起来的，差不多每一公理会的福音堂，都附属有一个平民学校。公理会在河北省南部各县乡间的工作和成绩，都很可观。他们办的平民学校，也很受本地人民的欢迎。

四、各校平均的经费不到六元。每个学生平均不到五角。这种教育不能不算是最经济的教育了。经费所以这样少的原故，因为校址是借用的，桌椅等设备也是借用的，教员是尽义务的，课本是学生自己买的。实际所需的经费，不过灯油、炉火及黑板、粉笔、考试纸而已。因为乡村平民学校多半是在冬季夜间上课，所以要灯油与炉火两项费用。若是不在冬季，不在夜间，这两项费用还可以省下来呢。

五、教员年壮者多，年长者少。这种现象，恰与旧日私塾相反，足见得乡村有志青年热心服务的人不少。

六、教员多半是务农的。这是事理上显然的事。可见现今读过书的人，务农的不少，比从前读书人只是读书，读书只为做官，已经改变多了。

七、教员的程度多半很低，这也不是一件可惊异的事。一来乡间教育不发达，读过书的人少。小学毕业的，已经是不多见的了。二来平民学校程度很浅，也用不着程度很高的人，才能担任教授。只要读过几年书，热心服务，就算合格。但是教员中也有受过中等以上教育的人，因为有些大学生，从北平保定回到乡间的。他们也有赞助平民教育，愿尽义务帮忙的。人数却是寥寥无几。

八、学生的年龄多半在十岁二十岁之间。这是我们所希望的。因为这般青年失学的人，是平民教育最注意的。十岁以下的儿童，虽然失学，尚有受义务教育的可能不必入平民学校。但是乡间十岁以下的儿童，在平民学校的也不少。原因是由于许多乡村连小学也还没有成立。他们的父母看见有了平民学校，就先送他们上学。颇有人说，这是违背了平民教育的原则。但是处这种情状之下，无妨变通点。这些儿童愿意求学，若是不许他们入平民学校，他们便无处上学了。过几年，他们又成了失学的青年了。有小学校的乡村，当然不应鼓吹学龄儿童去入平民学校。但是有的父母嫌小学期限太长，用费太多，且不实用，宁愿送他们的儿童入平民学校，不愿送他们入小学校，说到这里，我们不能不盼望政府和提倡小学教育的人，注意这些问题了。

九、乡村平民学校年长的学生很少，但是五十岁以上的也常见。我还见过六十多岁的学生，讲完四个月的书，领毕业文凭呢。

十、女学生的年龄没有在二十岁以上的，是由于乡间妇女守旧的缘故。二十岁以上的青年妇女，多半不敢出头露面，终日藏在家里。年长的妇女，虽然开通些，但是多半没有求学的欲望了。

十一、学生除务农者外，还有许多工商界的人。可见乡间并非都是农民，工商也有，尤其是在大村镇及县城里。这个调查包括的区域，连县城也在内。县城虽表面上是一个城，其实就大多数人民的职业上说，并没有工业化。没有工业化的地方，虽然有经商做工的，仍然算是乡村，况且这些经商做工的，多半是半农半商，半农半工呢。

十二、乡村平民学校上课时间，平均比城市平民学校长。城市平民学校，多半每日上课一小时。乡村平民学校，多半每日上课两小时，有长至四五小时的。这是因为乡村平民学校，多半开在冬季农民闲暇的时候，所以时间可以自由活动。但是城市平民学校，一年四季可以开办，乡村平民学校，除冬季外，别的时候便不易办了。

十三、乡村平民学校，多半星期日照常上课，因为乡村人民，对于星期日休息的观念与习惯还没有。他们既然是在冬季，没有事做，也无须乎放假，闲着反是无聊。

十四、乡村平民学校上课的时间虽然长，但是上课并不多。普通还是上一课。上两课的虽然有，却是很少。一来因为学生的脑力迟钝，不能多学；二来因为教员程度低，不能多教。所以他们的时间充裕，他们倒是从容不迫的去学去教。但是若是拿学校作单位来比较，城市每年可以开办三次，乡村每年只开办一次，效力减少多了。为求普及平民教育，还须另筹良策。

十五、此区内的平民学校用的课本，多半是采用上海青年协会出版的平民千字课,因为这些学校,多半是公理会提倡或主办的。公理会主张采用这部书,因为印刷比较精良,而且带宗教的材料,合乎他们的意思。

十六、乡村平民学校,除教授千字课之外,尚有算术、唱歌、游戏等科目。这也是由于乡村人民冬季时间丰富之故。城市平民学校,多半每天只上一点钟的功课。在这一点,恐怕要落在乡村平民学校之后。

十七、乡村平民学校学生人数,何故时增时减呢?增的原故,是因为初开学时,一般人多怀疑观望,不敢去报名。后来看见入学的人已识了字,并不艰难,才去报名插班。教员见他们热心向学,当然不能拒绝。然而他们程度不齐,使教员更不好教,差不多把单班教授,变成个别教授了。至于减的原故,有好几层:(1)因病辍学的虽有却不多;(2)因迟钝赶不上别人不好意思勉强继续;(3)因教员教授不得法没有兴趣而退出;(4)因家中遇婚丧或其他要事,不得不告假。告假的日子多了,赶不上班,不得不退学。这四个原因,恐怕是末后的一个最普通。农民虽然冬季比较闲暇,但是这般青年多半都负有家庭生计的责任,所以常常旷课。这种情形,办乡村教育的人,不能不特别注意改善的方法。或者将单班式的学校教育打破,变为个别教授的家庭教育,教员改为走授。若是能这样办,就可以不必限定在冬季,春夏秋三季,也可照旧上课。教员依照学生的忙闲,到各人的家里去教授,以教完四册千字课为止。然后再举行考试,颁发证书。这样办法,也不必要校屋,倒是又活动又方便,不过教员要格外辛苦些。或是一位教员至多担任教十几个学生,不能太多罢。但这的确是解决乡村平民教育的一个方法。

这篇调查统计和推论出来的特点,虽然是很简单,很粗略,但是至少可以使我们认识乡村平民教育在我国北部进行的概况,和乡村平民学校急待解决的几个普通问题。所以我很愿意把这一篇调查统计的结果和讨论,介绍与关心平民教育和负责推行的人。

（附志）这篇稿子做好后，放在书箱里，不知怎样寻不见了，所以总没有发表过。前几天整理书籍，忽然从一堆旧稿中找出来，材料虽然很旧，但是价值似乎还没有消灭，因为河北省南部的乡村平民教育，现在的情形，与前几年并没有多少变动。

十九年十月二十日，于江苏省立教育学院研究实验部

老王的觉悟（乡村平民教育新剧）

说明　此剧是描写乡村生活习惯，和农民不识字的害处，共分为五幕，以老王为主角，全剧各段表演老王因为不识字，被人欺侮，财产职业，均受重大的损失，甚至性命亦发生危险。末幕点明不但老王因为不识字受害，连村正及其余农民亦因不识字而遭逃兵之辱。此剧内容多是事实。可见推行乡村平民教育是刻不容缓的事。

登场人物：

王得财"老王"农人年三十岁

李　氏"老王妻"年二十九岁

大　宝"老王的长子"年十一岁

小　宝"老王的次子"年七岁

赵安生"赵老，乡村小财主"年六十岁

胡　旺"送信者"年二十岁

赵何发"村正"年五十五岁

贾思文"私塾先生"年五十岁

蒋得胜"军官"年二十五岁

张　忠"甲兵"年二十岁

吴尚武"乙兵"年二十岁

赵文孝"赵安生雇的长年"年卅二岁

时期　在夏历腊月底，正是预备过年的时候。

第一幕　受欺

登场人物　老王，老王妻李氏，大宝，小宝。

布　景　台当中放一个破旧的桌子，和几张木凳子，上边放着碗筷及锅刷等物；靠墙放着一个床，床底下放着纸张及地契；此外又有针线包，风筝等。

大宝　妈！我饿了，白薯窝窝头不是蒸得了吗？先给我吃点吧！

李氏　忙什么？等等你爸爸吧！他一出门，就是肉包子打狗。一去不回……有什么办的事？告诉你们说吧，你们大了，应当好好孝顺妈。我一天到晚，做饭缝衣裳。你们吃干的，我喝稀的。看起来人可别脱生娘们！不是喂猪，打狗，就是挡鸡窝。一天到晚还不够跟你们淘气的哪！

小宝　哥哥你跟我点牛眼吧？点，点牛眼，牛眼花，卖甜瓜，甜瓜苦，卖豆腐，豆腐烂，摊鸡蛋，鸡蛋黄，卖老王！

大宝　（大声说）我没空。妈！我糊风筝的纸不够了，你再给我点吧！

李氏　那有许多的纸？糊窗户的纸，都给你糊了风筝啦！等会，你爸爸回来，要不打你就算怪啦！

大宝　好妈妈！……旧纸也行，你再给我找点吧！

李氏　真麻烦！（此时站起身来，走到床边，从铺底下摸了好久，拿出一张地契来，抛给大宝。）糊吧！……再要可没有啦。

老王　（气冲冲的，满胸不顺。）真是"人善有人欺，马善有人骑"。欠人家的钱，还不说好的，硬要骗我。这不是活活的要气死人吗？

李氏　你干么去了这半天，钱要来了吗？

老王　别提了，真要气死人了。

李氏　怎么一回事，气得这个样子？你说给我听听。

老王　我记得借给他二十块钱，他硬说十块。奇怪！借据上也是十块？借据是他写的，这不是他诚心欺骗我吗？我是睁眼瞎子不识字，上了他的当了。我请别人跟他讲理，人家都说借据上是十块，反说我没理。咳！

李氏　这岂有此理，咱们跟他打官司。

老王　唉！打官司一定不行。借给他钱的时候，又没有保人；借据又是他写的。您说这官司怎么打？唉！得啦！怪我大意，认倒霉吧！现在赵家雇长活，我想不如到他那里干干，一年也能挣点钱，不然账要不上来，大家饿着吗？

李氏　好！我快把饭拿来，吃完了你快去！去晚啦，恐怕人家雇妥了。

大宝　爸爸！你看我糊的风筝好不好？我妈给我点旧纸还有红字呢？

老王　（拿起风筝，仔细一看，抛下风筝，到床底下找了半天。）可可可了不得了！你们瞎眼的东西！

李氏　（也顾不得忙饭，便说道）您大呼小叫，像驴是的。您到底喊什么哪？

老王　哎呀，可了不得，你们怎把地契撕了，糊了风筝呢？咱们这地是典的，到了惊蛰，人家赎地，怎么办？（双手抱头蹲在地下）

闭　幕

第二幕　被辞

登场人物　赵安生，老王

布景　一个有钱农人的门口，是准备过新年的样子。

老王　（醉醺醺的，一手拿着一付对子，一手拿着一碗浆子，作成要贴对子的样子。）今天才腊月二十三，过年还有些日子。我们东家是个急性儿，今天一早就起来写对子，叫我贴起来。我本来没有酒量，宰猪的跟车把式，一定叫我喝。咳，猪看着不大，宰了九十多斤。酒真行，我觉得有点头晕。（身体摇摆状）东家快回来了，要是看见对子还没贴好，他一定要生气。哎呀！那一付对子是大门的？那一付是牲口棚的？我记不得啦！这怎么好？（作看对子状）好在这四条对子都是一样多的字，没有什么大分别。就贴这

两条吧。(贴上对子又往后退几步作看状)很好看!两边的字一样多。剩下这两条,拿去贴牲口圈吧。(方要下)

赵老　(由外边上,背着过年的东西,如酒和过年的神马等。)老王这个人倒诚实,就是有点笨,字不认识一个,记性又不好。今天早晨,我叫他贴对子,不知道他贴了没有?(这时已到门前,看见对子,大吃一惊,当时大怒。)老王,老王,这厮真可恶,偏偏的贴错了。

老王　您回来了,您看贴的对子好不好!

赵老　放屁!瞎啦!你还有脸见我?对子都给你贴错了。我怕你不认识字,我就详详细细的告诉你那一付是那个门上的。你怎么都记不住啦?比老鼠记性还坏。要这个糊涂虫干什么?得啦!你另找别的事去吧!

老王　东家,你老人家别生气。我下次记住,小心做事就得啦。

赵老　你快去吧,我没工夫跟你生气。

闭　幕

第三幕　挨打

登场人物　老王　李氏　大小宝。

布景　分为两小节,(一)家中,(二)道上。

老王　上天没有绝人之路,发一笔小财。

李氏　什么事?美得这样子?愁,愁得着急。乐,乐得这样子。

老王　昨天我从大道一过,捡了好几张洋钱票。

李氏　我看看。好了!真上运啦!

老王　我想拿它赎当去,你快把当票给我。

李氏　咱们还有一张染衣服的票哪,也该去取啦。你一齐拿去,早点回来吧!

(此时闭幕即开)

老王　(从外边带了哭容到家)

李氏　哟，你怎么啦，为什么脑壳打的花瓜是的？

老王　咳！别提啦？年下赎当的很多，好容易挤到栏柜递给他们当票。他看了看，说错了，这是染票，不是当票。后来我赶快拿那一张，连洋钱票举上去。也不知道什么缘故？由柜上出来几个人，把我揪到后院，说我把烧给死人的鄸都票跟他们捣乱。怎奈我又不识字，又不常使洋钱票，谁知道呢？当也没赎成，反叫人打了。丧气丧气！

大宝　爸爸！敢情不认识字，还挨打哪！

李氏　得啦，这也别怨人家。这都是你不认识字的原故，归着归着吃饭吧！

闭　　幕

第四幕　卧病

登场人物　老王，李氏，胡旺。

布景　（先闭幕不开，老王在幕内作成患病的形状）

李氏　（由外边买药回来，左右手各拿药一包。）"有驴别嫌慢，有药别嫌淡。"爷们好着时候，多多少少总能挣点钱。他一病，天天还得为他买药，真是麻烦！今天东院二大爷的牛也病了，求我带点药。这两包药一样大小，真不好认。我左手是人吃的，右手是牛吃的，（此时李氏腿带开了，将药包放在地上，缠好腿带，又将药包拿起，但是拿错了。她又说道）左手是人吃的，右手是牛吃的。（李氏下场，送信的上场。）

胡旺　没有火车的时候，一千里路程，至少半个月。有了火车，半天就到了。我们柜上李先生，求我给他表弟送来一封信，大洋二十元。他表兄说他不识字。如果他当真不识字，不会看信，我就不把送来的二十块钱给他。

闭幕

老王　哎呀！脑袋疼得很！胸也扎得疼！

李氏　药买来了。先生说三片姜，两个枣子作引子，空肚子临睡觉时候吃。

大宝　爸爸！爸爸！等您好了，上集给我买把木头刀来吧。

胡旺　（叫门）

大宝　谁呀？妈呀！外面有人找。

李氏　大宝，出去瞧瞧是谁？

大宝　（开门，问）找谁？

胡旺　我是从山西来的，给你们送来一封信。

大宝　妈呀，有人送信来。

李氏　让他进来吧。

大宝　（引导客人进屋子）

老王　（躺在床上，坐起半身，招呼客人。）

胡旺　你是王得财大哥吗？

老王　是，我叫王得财。你贵姓呀？你有信送给我吗？

胡旺　我姓胡，您表兄叫我带来一封信。（往外拿信）请您看看。

老王　哎呀！我不识字啊！请您代劳给我念念吧。

（此时胡旺念信，老王静听）

表弟如面：许久没有捎个信儿给你，实在对不起！我的生意近来还不坏，表嫂和外甥们都好，不必挂念。今有敝号胡伙计回乡之便，托他带上信一封并大洋二十元。（此处胡旺只读"托他带上信一封"，"并大洋二十元"一句未读）收到后，请人写一回信为要！此请双安！外甥们都好！兄张成上　腊月初五日

老王　没有送别的东西吗？

胡旺　没有。

老王　唉，烧点水，让胡大哥喝碗水……

胡旺　我不渴，我要走了。（胡旺告辞出门。大宝送出，开门，关门）。

李氏　（将药碗端到老王面前）药煎得了，你喝吧！

老王　（接过药碗，喝了几口）这药怎么有这样大的力量，哎呀！哎呀！（过几分钟疼得在炕上乱滚。）

赵老　（从外面上）老王虽笨，倒底是一个好人。我听说他病了，我去看看他去，（走到老王门口打门）

李氏　谁呀？

赵老　我。

李氏　哦，原来是赵东家。（开门让赵老进来）老先生您这样大岁数，来看我们，实在叫人过意不去。

赵老　你的丈夫好点吗？

李氏　刚吃了药，反倒不好受了，不知道怎的。

赵老　（走到老王炕前）老王你好点么？

老王　哎呀！没有没有，更厉害了。哎呀！

赵老　我看看药方罢。

李氏　（把包着的纸连药方递过去，赵老接过一看。）

赵老　哎呀，可了不得啦！吃错药啦！这不是人吃的药。

李氏　什么什么？或许把牛吃的药吃了吧！这可怎么办哪？

赵老　怎么会弄错呢？

李氏　我不识字。药铺掌柜告诉我。左手是人吃的药。右手是牛吃的药。我在半道结腿带，一定把药包拿错了。

赵老　赶快拿点绿豆。熬了喝了。

李氏　（去熬绿豆汤）

赵老　（看见桌上一封信）这是谁来的信？

老王　我表兄托人送来的。

赵老　我瞧瞧（赵老此时一面看信，一面点头）好啦！还有二十块钱哪！

老王　李氏（一起说）什么……钱……送信的人，并没说送钱来。咳！一定是给这送信的人，昧起来了。

赵老　信内的钱，又被人骗走了，又赶上你病，怎么好呢？我给你两块钱买药，你好生静养。病好了，我再借给你几块钱做一个小买卖。

闭幕

第五幕　觉悟

登场人物　军官，甲兵，乙兵，老王，村正，私塾先生（贾思文）农夫，（赵文孝）。

布景　村外大道上。

军官　打是白米，骂是白面，不打不骂小米饭。咱们虽然被革，有一身虎皮，得吃且吃，得讹且讹，走走！

甲兵　你看！

乙兵　那边有一个烧卖饼的，赶上他，再说。

老王　谁买烧饼，油炸果烧饼……（此时老王见有兵追喊就要跑）

军官　站住！跑！我开枪！

老王　老总……干什么？……

军官　你带我们，到你们村子里，找你们村正去。

老王　走，走，我带老总找去。

村正　（上场，做闲走的样子。看见了兵们揪住老王，便有意上前解劝，又做害怕不敢去的样子，站在一旁，满脸赔笑的，刚要说话。）

老王　他他……就是……村……正。（指着村正说）

甲兵　你就是这村里的村正吗？

村正　在下就是。老总们有何吩咐？

乙兵　好，我们正找你呢！（恶狠狠的说）

军官　（作阻止他们的样子）你们不要这样！咱们当军人的，应该保护老百姓，以后不许这样。（又向村正说你就是村正吗？由怀中掏出公文，拿在手中说。）我们是奉司令部的命令，来向你们各村中要车马的。五辆大车，十匹骡子，一千斤粮草。你快点预备好了，我们可是就要。

村正　（满脸赔笑的）这件事情，我们这小村子，实在不行。您瞧。总共几间破草房，还能有车马？有个小毛驴儿的主儿，在我村子里，就算是小财主啦！

甲兵　　（要打的样子）

军官　　怎样，他妈拉巴子的，不懂好歹？这样和气跟你说，你还敢推脱。我看你的脑袋，是要长不住了吧。（回头以目视兵）来，把这小子，给我带到司令部里去。

甲乙（兵）　　（做要向前去拉村正的样子）

老王　　得啦，老总们，我们村正是说错了话啦，您不要这样生气。走，咱们到村里去商量商量还不成吗？反正让老爷们，好交差事就得啦。

军官　　这不得了吗。我们当军人的，只要我们怎样说，你们怎样办，没有不和气待人的。

村正　　是，是，总要求老总们格外开恩，（从军官手中接过公事，颠倒看了看，又同老王看了一看，用手指着说）你瞧，这些大红圈，真是要紧加急的公事！老王，你把赵老先生跟赵大哥一齐找来。快去，快点回来！（一边说一边把公文放入怀中）

老王　　好啦！（下）

村正　　老总们别着急，有话好商量。歇一会儿，咱们村里人来了，想个法，总不难为老总们。

赵文孝　　（上）什么事？大家从长商量。

村正　　这几位老总们是奉司令部的命令向我们村中要车马的，您来帮个忙儿，替我求求吧。五辆大车，十匹骡子，一千斤粮草。我们这小村子，怎么纳得起？

军官　　瞎诌，什么纳不起。你们这一套假话，我都听厌了。纳不起也要纳。不照数纳。我就带你上司令部。

赵文孝　　（对兵们作揖）诸位今天来到我们村中，车不车的反正让您过得去。您既然来啦，吃点喝点，咱们再商量。

军官　　不能，不能，我们的公事要紧，你还是快办吧。

村正　　（以眼视赵文孝）赵大哥您这里来（他们二人走在一边）这几个小子，不是好惹的。你看他们的样儿，说翻就翻，说打就打，真不好对付。他们又拿着公事，是奉命令来的。就看他们这样子，他们的上司不定多末厉害哪？你看这事怎么办？

赵文孝　依我说呀，就是那么回事。常言道得好："有钱能买鬼推磨，"只要把钱放在他们手中。我看什么都好说啦。

村正　依你的意思，怎么办好呢？

赵文孝　方才东家得到这个消息，心里害怕，不敢露脸，命我带来五十块钱，依我的意思，你去把那个军官调出来，先拿三十块钱跟他说，不成的时候你再看光景，一点一点的往上添，你看好不好？

村正　唉，没有别的法子，只好这样办吧！（二人同回原位，村正向军官说）老总您这儿来，有句话说。

军官　（站起身来，同村正走一旁）甚么事？

村正　老总们来到这儿，没有别的，还请您在上边多说几句好话，反正事情是瞒上不瞒下，只要您可怜我们小百姓，我们就感恩不尽了！这里是我们奉敬您的三十块钱，您拿去买双鞋穿吧。

军官　（皱着眉摇着头说）不能，不能，我们办的官事，那能要钱呢！再说我一人收下你们的钱，我那两个同伴知道了，给我往上一回，不要说我的差事搁下，我的脑袋恐怕也长不成啦。

村正　您就算做积德吧。您高高手，我们就过去啦，这里还有十块钱，您每人给他五块，不就得啦吗？

军官　我们本是要车马粮草来的，你们既没有车马粮草，就拿现钱当作罚款，但是这个数目太少，我交不了差。

村正　（回头叫赵文孝）赵大哥，你那里还有多少？统拿来吧！

赵文孝　还有十块，是一位朋友托我办喜事用的，先借给你救急吧！（将钱递过，村正接过钱又递给军官）。

军官　（接过钱）也罢，我看你们是个穷村。我就回去对长官这样说吧。

村正　总要您老多费心。

军官　（向两兵说）咱们走吧！他们这里是个穷村，不要过于难为他们，长官若是问，自有我担当的。

  甲乙兵　怎么走啦，车马呢？

  军官　你们不要问啦，走吧！（同下）

  贾思文　（上）喝！今天诸位怎么齐全，都走到一块儿啦！

  村正　咳！别提啦！（把方才的事说了一遍）

  贾思文　有公事没有？给我瞧瞧。

  村正　有，在这里。（从怀中掏出公事递与贾思文）

  贾思文　什么！这就是他们公事吗？咳，你们真都是瞎子，一张破报纸画上几个红圈，你们就给人家五十块钱，这不是太冤枉了吗？

  老王　赵文孝　村正　（一齐说）咳！谁叫我们不识字呢？

  贾思文　咳！不认识字的害处真不小，我要早来一步，你们也不至于受骗哪。

  老王　你们所受的害处，谁也没有我受的多。（把自己所受不识字的害处诉说一遍）我想我们上了人家一回当，不要再上二回当吧。

  赵文孝　那末，以后怎么才不至上人家的当？吃人家的亏？总得想个好法子。

  老王　我们以后除去种地做正事之外，有了工夫，就念书，识字，好不好？

  贾思文　倒把我提醒啦。前些日子，我在亲戚家，听说北京中华平民教育促进会总会乡村教育部，极力提倡乡村设立平民学校，不但叫乡下人都能认识字，还能够知道国家的事情，这是多么好！我们商量商量，要是愿意，我们村子立个平民学校。我还可以尽尽教书的义务，可是立个平民学校得用一点钱！也有许多事情，什么房子啦，桌子凳子啦，都要大家商量才好。

  村正　房子我家里的，可以腾出几间来。什么桌子凳子啦，可以全村商榷，由村中公款买，每月的用项，我愿意每月捐两块钱。

  赵文孝　我回去向东家提一提，每月也可以捐一点。

老王　我愿把我每天卖烧饼赚来的钱,除了家中吃穿而外,一个钱不留,都捐给学校。请贾老师收我做个学生。

闭幕　（完）

（附注一）此剧本曾在北平表演数次,并曾登载于十六年六月五日天津《庸报》副刊。

（附注二）此剧系根据北平乡村情形而编,所以其中采用了许多北方的土语。

直隶南部各县乡村平民教育的状况及最近旅行观察所得的感想

直隶南部各县,是中华平民教育促进会总会在华北的一个乡村平民教育大试验区。这个区内的平民教育工作,还不到二年,但是成绩很有可观。现时该区内平民学校及学生的数目,虽然还没有调查清楚,但是根据各处的通信和报告,已成立的学校,至少有六百处,学生的总数,至少有两万人。

我到保定去视察过六次:第一次是在民国十三年冬天,那是和晏阳初先生一同去提倡乡村平民教育。在乡下住了三天,开了两次讲演会。

第二次是在十四年春天,我一人到清苑县张登镇去参与该处第一次乡村平民学校联合毕业大会。到会的有附近十个村庄的平民学校。考试及格毕业的学生,共计一百二十五人。

第三次是在十四年秋天,我被请到蠡县的平民学校联合毕业大会去演说。与我同去参观的,有董时进,顾千里两君。那里的情形,也和张登差不多。毕业生共一百九十人,代表十五个村庄。举行毕业礼的时候,县长和教育局长,都到会演说,发给证书。蠡县的平民教育,本是公理会提倡起来的;官厅见了这样的成绩,大受感动。是年冬,由县公署指拟公款在该县成立了八十多处平民学校。

第四次是在今年一月里,我和查勉仲先生到高阳县去参观那里的毕业大会。到会的虽然只有四个村子的平民学校,毕业生却有一百零四人。

第五次是在今年五月间，视察的是清苑县北邓村。同行的有檀香山的教育局长魏克慈女士和韦德丽教授。他们两位是专为到保定去参观我们的乡村教育工作的。他们虽然只在乡下住了两天，看了一个村庄的平民教育，但是他们所得的感想甚多。他们本来打算到别处去参观，可惜他们回国的轮船，忽然改期，他们不得不离去。他们都曾对北邓村平民学校的几百男女学生演说，大受听众欢迎。他们每经过一处村庄，便有许多妇女围着他们谈话。那样热的天气，那样多的尘土，那样难闻的气味，他们都不怕。他们临走时，还对我说："平民教育是救中国的良药，努力努力！"

第六次就是最近的这一次，是在今年五六两月里。我送两位美国女士回京之后，只住了一个星期，又到保定去了。这次与前几次不同，有几个特点：

1. 这次走的天数最多；
2. 这次走的路线最长；
3. 这次见的平民学校毕业生最多；
4. 这次受的感想最深。

关于第一二次的旅行和视察的工作，我已做了一个视察直隶清苑县乡村平民教育最近的报告。关于第三四次旅行所得的经验和事实，一部分我曾在《新教育评论》第一卷第十六期保定乡村平民学校第一次调查一篇内发表；一部分记载在查勉仲先生的参观保定一带的乡村平民教育。（见《新教育评论》第一卷第十二期）关于第五次的旅行，日期甚短，没有什么特别事情可以报告。惟有最近这次的旅行，经十二县，历十四日，参与平民学校毕业大会九处，发给毕业证书一千一百五十三张。所见所闻，所感触的，自然都比往次多，不能不特别的记载一下。雪鸿泥爪，虽是陈迹，然而作为日后参考的资料，也未尝不可。

本年四月里，我们接到保定各县平民学校的报告，说他们的学校都预备五月里毕业，请我们去赴他们的联合毕业大会，并颁发证书。我们于是就托保定公理会办平民教育的先生与他们商定日期及路线，以便总会干事按日游视各处，而免虚耗时日。今将事前拟定之路程日期表照录如下：

五月二十五日由保定起程，晚住蠡县。

二十六七日在饶阳县城内开会。

二十八日在深县唐奉镇开会。

二十九日在束鹿县马疃镇开会。

三十日在深泽县城内开会。

三十一日在无极县城内开会。

六月一日在定县邢邑开会。

二日在定县城内开会。

四日在望都县张庄开会。

五六七三日在唐县黄金峪，管家佐等处开会。

我们的路程日期表，虽然定出，但是我们没有照着去履行，路线一点没有改，日期却变通了。

我们因为在北京等电影干片，预备到乡下去照像，耽误了一天工夫。五月二十五日，才从北京到保定。和我同行的，有四川平民教育促进会分会董事李靖封君，和本总会练习干事夏家驹君。

五月二十六日，我们在保定雇了两辆轿车，每辆每天脚价大洋一元七角五分。我们的行李，除了个人的衣物，及平民教育印刷品外，还有新从天津百代公司买来的一个电影摄影机。我们又在保定公理会借了一位夫役——他是本地人，保定各县都去过，可以做我们的向导，而且会做饭，是一个好帮手。

我们午前九点由保定起程，下午两点半到张登。途中经过北辛店。那里有个茶馆，我上次和两位美国女士在那里休息的时候，送给茶馆掌柜一套平民教育画，请他贴在墙上。这次又来，满墙都有画张。那些"打尖"喝茶的人，都不住的看，有一两位识字的，还在念画上印的说明，对旁边的人讲画中的故事。这也是一种宣传的方法；我愿多带画张，送与各处的茶馆才好。

张登镇距保定五十里，是南去第一个大镇，当南北要冲。去年四月，我曾到此参与清苑县第一次乡村平民学校联合毕业大会。（见拙著《视察直隶清苑县乡村平民教育最近的报告》）去冬阳历十一月及今春阳历五月初，我又经过此处二次。该镇虽当南北孔道，但是人民知识非常闭塞，平民教育远不及附近各村庄发达。前年冬天，没有成立一处平民学校；去年冬天，因受环境的同化，居然开办了三班；但是战事一起，又无形的停顿了。这也怪不得他们，因为这次战争，张登受灾最重。听说被兵士们连抢了好几次！一群兵去了，一群又来了。胆小的人家，都逃走了。一个繁盛的镇店，弄得十室九空。我们到的那天，一进村子，满街上都是兵，客店铺户门前都插着某团某营本部的旗帜。我们要在那里打间，但是饭馆都关了门，没有别的东西吃，只买了几个"烧饼"，一人一碗"豆腐脑"充饥。从那天晚上起，我就闹肚子（北方土语就是说泻症），一直闹了一个多星期才好了，大约是吃的东西不十分干净的原故。这是出门人最不方便的事。

保定距蠡县只有九十里，我们晚上九点多钟才到，一共走了十二个钟头，平均每点钟走不了十里路。轿车本来就慢，车夫又舍不得打骡子，也不"吆喝"，随骡子一步一步的往前拉。我在车里闷得很，车路又不平，有时不留神，头碰在车厢的窗木上，随碰随起大疙瘩，只得不管天热太阳晒，下来步行，一口气走了二十多里。有人说坐轿车如同小孩坐摇床，老人坐摇椅一样，摇一摇就易睡觉了。这个话我不大表同情；这样左右摇摆，实在"受不了"，那里还能睡觉呢。我想中国的轿车，足可以代表中国的国民性，那一种斯斯文文，不着急的样子。我们出过洋，染了一点欧美习气的人，回国后，才觉得不惯。我想急性子的美国人，坐在上边，一定会急死。

我们到蠡县，天已黑了，城门口有一群兵在那里把守，拦住车子要检查。车夫说："我们是到城里福音堂去的"，他们才放我们走。可见外国人在中国的势力，连万恶的兵人，也怕他们；我们中国人在中国，有时候还要仗着外国人的面子，才能平安无事，真是可耻。这都是那些具亡国奴性的大官僚，和那些胆小如鼠的人，有乱事就往外国租界跑，求外国人保护，养成了一种风气。所以现在若是谈到收回治外法权，收回租界，须得先收回这一般爱往租界跑的人。我们办平民教育的人，还得分一层心，对这般人下剂平民教育的"醒魂汤"。

五月廿七日，鸡鸣即起，残月尚逗留天际。我们因为午前须赶到饶阳县城，所以随便用了点早饭，就驱车出蠡县城，向东南行。饶阳去蠡县虽云七十里，不过是一种"官话"，从来没有人测量过这条路的远近。说起来，中国的道路里数，测量过的很少，也就如中国的人口一样，从来没有确实的调查，差不多都是传说如是如是。北方乡下的人大约都是靠骡车的速力，计算里数，普通的骡车，平均每点钟可以走十里路。若是廿里的路程，两点钟还走不到，这个里数一定是"大"了。若是一个多钟头就走到，这条路的里数一定是"小"了。我们这七十里路，从早晨五点直到下午一点半，才走到了目的地，一共走了八点半钟，这条路不能不算"大"了。我们走了大半天，以为快到了，一问还有二十五里；又走了几十分钟，一问还有三十里，真是奇怪！天又没有阴，我们是斜对着太阳向东南方走的，难道说我们是"南辕北辙，背道而驰"吗？我们不是诚心"开倒车"的人，怎能走错了路，越走越多呢？刚才不是问说还有三十里吗？我们再走了五分钟，又问，只有十五里了！怪哉怪哉！这是什么缘故呢？没有别的缘故，就是那些宵旰勤劳的乡下人，从来不出门，说不清这个村子离那个村子多远；有人问，随便回答。唉！一辈子不离家门的乡下人，诚实不欺，没有受过教育的乡下人，可怜可怜！

我们到饶阳县城，已经差不多两点钟了。各村庄平民学校的学生，等我们来开会，已经等得不耐烦。他们有从四五十里路远来的，当天还要赶回去，所以我们为体贴他们起见，饭都顾不得吃，擦擦脸，就振铃开会。

会场设在饶阳城内福音堂。到会的人，有二百多；考试及格待领证书的学生，共一百十一人。其中年幼的不多，鬓发苍白，年逾耳顺的成人，倒有好几位。县教育局长被请来发给证书，我们也都演说了几句。会开完了，我又和各村来的教员学生谈了一回话。他们都是兴高采烈的，要我们到他们的村子去。但是我们因为没有充裕的时间，都一一辞谢了，盼望将来有机会再去拜望他们，不要叫他们失望。

饶阳县的平民教育，完全是公理会先生们的工作。各乡村平民学校，均由该城福音堂孙杨两君主持管理。他们两位都是每天骑着自行车往来奔驰。在时局不靖的时候，能够维持到底，成绩斐然，足见他们的热心毅力了。

二十八日清晨，我们由饶阳动身，只走了三十里，便到唐奉。

唐奉是深县的一个镇店，地方虽然不大，却是当东西往来孔道。那天镇上的人，都是喜气洋洋，就是因为这个乡村平民学校毕业大会，要在他们那里举行第一次大会，是空前未有的盛举。

在一个大院子里，搭了一座大席棚，悬灯结彩。有本镇上高小学校的细乐队，在那里作乐唱歌，悠扬盈耳。男女老幼来参观的，挤满了一院子，还有骑在墙头眺望的。

我们到那里，约在午前十一点钟。迎接我们的，有本镇的绅董，福音堂的牧师，高小的校长和教职员，还有安平县深县两县的教育局长和视学员，因唐奉虽属深县，却距安平县不远也。

我们照例被请演说及颁发文凭。当地教育界的代表先生们，虽然都说了几句话，主要的演说，还是靠我。我因上了"责无旁贷"一句话的当，也没有法推却，只好尽力为之。我倒是喜欢对这般乡村平民学校的毕业同学说话，问问他们的经验，并且劝他们努力继续求学。每一位毕业生，我都送一份农民报，盼望他们订看，引起读书识字的兴趣，并获得相当实用的知识。是日毕业的学生，共一百二十八人，代表十处村庄。那天为庆贺他们的毕业盛会，他们预备了一桌酒席请我们吃。但是我们城市人的肚子，不惯领受乡村的美味。倒是乡村的便饭，我们不但能吃，而且很喜欢吃。那天这桌酒席，虽然有二十多碗菜，却是一碟新鲜菜蔬都没有：左一碗是肉，右一碗也是肉，而且都是肥猪肉，吃一两筷子，就被腻着了。后来上的许多碗，一筷子都没动。连我们的主人们，也都是望而生畏。菜都剩下了，可惜可惜！这并不是乡下人不会请客，他们平日吃的都是"窝窝头"，"棒子面"，"小米粥"；连豆腐，酱萝卜，都不常吃，那里说得到吃肉。要吃肉，只好等到过年。所以他们这次杀一个猪请我们，实在是破天荒的优待了。

　　五月二十九日，黎明，我们由唐奉起身。行四十里，抵马疃，有深泽县公理会卢刘二君，在那里等候我们。

　　马疃是束鹿县的一个镇店，居民约二千。因附近有平民学校十几处，马疃恰是一个中心点，所以他们在此举行毕业联合会。有许多毕业生因农忙没有到，但是到的也有百十个人。此处一带的平民学校，都是卢刘二君创办的。

　　会场设在本镇小学校的大院内。这个小学校，本是一个大庙宇改的，所以地址很宏敞。院子里摆着许多板凳可以坐，但是没有遮的。那无情的太阳，晒得头上干出油。参观的人很多，坐的，站的，挤满了一院子。我先被请上台去演说。不到十分钟，我的头就晒痛了。只得赶快说完下台，躲在一棵树荫下。那些毕业的男女学生和看热闹的人们，动也不动，直等到发完了文凭才散去，足足晒了两个钟头。他们的头皮，是磨练过来的，不怕太阳晒。我记得美国乡下人讥笑城里不惯受苦的公子少爷们为"嫩脚"（Tenderfoot）。我们怕晒的人，岂不被这般农人叫做"嫩头"（Tenderhead）吗？

　　有许多老头子和老太太，也来参与这个盛会，这是他们一辈子没有见过的毕业会。有一位老太太，他的小儿子和小孙子，一同上平民学校，领了毕业文凭。又有一家，两个小姑娘，同班毕业。他们的父母和祖父母都喜欢得了不得。我特到他们家里去道喜，并与他们照活动电影。

　　马疃的毕业会闭幕了，各处来的学生都打着他们的校旗，回他们的村子去了。我们吃了点"片汤","馒头","炒鸡子",又上车往西前进,直奔深泽县。

我们这样的"晓行夜宿,饥餐渴饮",好像西游记的取经一样。偏巧我们也是四个人一伙：李先生是一个斯斯文文,不多说话的人,很有做唐僧的资格;夏先生呢?每日抄写乡村应用文件,规规矩矩的,如同沙和尚;我自己一天跑来跑去,时而演说,时而发证书,时而和学生们唱歌游戏,时而扛着一个电影照像机,到处照像,后面跟着一大群孩子看热闹,不用客气,我自然是很有点像那七十二变的孙行者;还有那位猪八戒,是谁当呢?没有别人了,就剩下保定公理会派来一路与我们帮忙的那位王伙计,他一天尽做粗活,扛行李,做饭,他这个人举动说话也常惹人笑,只好委屈他作那长嘴大耳的天蓬元帅罢。

"闲话少题,书归正传"。我们那天下午走了三十里,就到了深泽县。这个县似乎比蠡县,饶阳县,都富足,房屋修得很高大,很整齐,铺户也多。那天晚上,胡本德先生请我们到一个天津馆子去吃饭,小县城有这样大饭馆,实在不多见。

我打听深泽县的名胜古迹,他们说有个北极阁,风景很好。我第二天一早就跑去逛。这个阁在北城根,一半修在城上,远望非常宏壮。从前是个庙宇,现在改为县立师范讲习所。阁的前面,有一片芦苇池,占几十亩地,凉风习习,景色清幽。没有苇子的池边,有许多妇女在那里洗衣服,砧杵的声音,互相应答,倒是一种特别的音乐。池旁有十几辆牛车,在那里等候。我问他们,说是池里的水碱性很强,好像胰子水,洗衣服最好,所以许多城外的人,都到此处来洗衣服,如同赶集一样。这也是深泽县的一个特俗。

我跑上了北极阁,听见许多乐器在那里吹吹打打。有一个大学生走出来。我问他,他说他们被请到平民学校毕业大会去作乐,所以大家正在预备呢。

北极阁与北城连接,我便走到城墙上去眺望,看见城外有两队人,打着旗子,唱着歌,向城门那边走来。走到近处,我才看出他们的旗子上有"平民学校"几个大字。我才明白他们是城外平民学校的学生来赴会的。这两队学生都是大人，没有一个小孩，年龄似乎都在三十岁左右，这是叫我特别喜欢的。

那天是阳历五月三十日，"天朗气清，惠风和畅"。午前十点钟，深泽县的第一次平民学校毕业大会开幕。八九点钟，城外各乡村平民学校学生，已经一队一队的进城来。我在东街上，看见一个牛车，拉了十几个妇女，都穿得干干净净，整整齐齐。旁边的人告诉我，这是某村妇女平民学校的学生。我赶紧给他们照了一个像，留作纪念。

毕业大会的会场，设在文庙里。有师范讲习所的乐队，在那里作乐，悠扬盈耳。参观和看热闹的人，非常拥挤。那天本县城内的男女学校学生，都排队来参观，并且同平民学校学生在大街上游行了一次。本县的县长和教育局长，也都请来了，每人都演说了一回。这位县长姓周，四川人，在北方多年，演说得很透彻，很有精神。他还宣告大众，有款就要多立平民学校，虽然是一句空话，也能鼓动一般士绅的热心。我因为连日大声演讲，又因为在露天说话，格外用力，"嗓子"都喊哑了。

这天毕业的证书，也发了一百多张。我又将总会的"平校良师"褒状，送给了几位成绩卓著的教师。又特赠该县公理会卢刘两君纸匾一幅，上有熊秉三先生写的"普觉众生"四个大字。

保定各县平民学校毕业会请县长到场演说，已经成了一个惯例。这个办法，是两方面都有益。县长是一县之主，居全县最高最尊的地位，虽然远不及帝制时代的县太爷那样八面威风，却仍然保存他庄严的身份。不管他会说话不会说话，真热心假热心，只要他到场说几句赞成提倡的话，就大有帮助。我记得去年秋天，蠡县第一次平民学校毕业大会开会时，该县县长也在场，他很受感动。后来他和教育局长商量，筹了一笔款；他还捐款提倡，居然冬天设立了九十多处平民学校，与公理会的平民学校并驾齐驱。可惜后来受战事影响，县长更换了。官厅立的平民学校也就无形中停顿了。

深泽县的毕业会开完了，我们吃了午饭，又向无极县前进。无极县在深泽县西北，相距只四十里，四个多钟头就到了。进了城，我们找着公理会的福音堂。该会干事侯君，待我们非常客气，我们当晚就在福音堂休息。晚饭后，侯君又约我去拜访该县教育局长，坐谈了一小时。局长说，他们县里两年前，已曾起首提倡平民教育，设立了平民学校五十余所，后来因款项支出，均已停顿。今年受战事影响，小学校也关了门，自然更顾不到平民学校了。唉！这就是官厅平民学校的大毛病，说办，立刻就可成立许多处。但是在现在这种政局不定，经费无着的时代，官厅的平民学校，多是"朝生暮死"。遇见热心的县知事，或教育局长，提倡起来，却不能永久维持。现时的县知事，多半存一个"五日京兆"的心，谁还能打起精神去办平民教育，多一事不如少一事，落得清闲些。所以现时乡村平民教育，不能靠官厅去办。只可盼望他们不反对，用"官样文章"来帮助提倡就不错。

无极县教育局长，又送了我一份该县平民学校的简章，以后在报告书里再发表，此处只好从缺。

五月三十一日，午前十点半钟，在无极县福音堂举行毕业大会。到会的八处乡村平民学校，都是该县公理会教友提倡的。毕业领文凭的学生，只有五十六人。到场看热闹的，却有一二百。

有十几个学生，他们第四册千字课还差几课没有读完，但是他们要求考试领文凭。他们的教员来同我商量，我准他们通融办理；但是声明没有读完的几课，下半年必须补读。

我借了福音堂牧师的一间空屋，并请该堂侯凯臣牧师及公理会胡本德先生帮忙，把这十几个学生都考了一下。我的考法自然是比他们的考法难得多，但是我的分数却给得宽。他们算是一半及格，当天补发了毕业文凭，自然一个个都是欢天喜地的。

我觉得我们平民学校的程度固然要提高，资格也要很严，但是在平教的提倡试验期中，还是稍松一点好。因为乡下人读书，是一件不容易的事，总要设法鼓励他们，不要叫他们失望才好。

无极县的毕业会，与别处大同小异，今将当日开会的秩序单，抄录于下：

1. 振铃开会
2. 向国旗行礼
3. 报告开会宗旨
4. 学生唱歌（北堠村）
5. 演说（平教总会代表）
6. 唱歌（杨村）
7. 授文凭（县长）
8. 训辞（县长，教育局长）
9. 唱歌（流村）
10. 游戏运动

　　（甲）体操

　　（乙）哑铃

　　（丙）竞旗赛跑

11. 闭会

这个毕业会的特色，就是秩序单上的"游戏运动"，城外各处来的学生，都到近南城根的一个广场，在那热如火球的赤日中，那些学生精神百倍。他们的体操和游戏，都很不错，是他处平民学校比不上的。我便察问其中原故，才晓得他们这几处平民学校的教员，都是高小毕业的学生。

无极县的毕业会，也是该县一个破天荒的举动，轰动了县城内一般人民。都觉得这事很新奇，看热闹和探听消息的，自然是很不少。经此一番，他们脑筋里印入了一个读书的影像，将来再鼓吹，就不十分难了。

是日下午两点钟，我们由无极县起身往定县邢邑。邢邑是定县南部的一个大镇，距定县城五十里，距无极县城四十里。我们走到邢邑，已经夕阳西下，但是邢邑的街上，仍然是人影幢幢，肩摩毂击。我们访问之后，才知道那天是集日，而且镇东龙王庙有庙会，白天夜里都有戏。四外村庄的人，都到这里来赶集，赴会，看戏，所以热闹非常。

定县今年有两个毕业大会：一个在县北的大白尧村举行，一个在县南油味村举行。大白尧村的毕业会，已经开过了。因为不在我们的路线上，所以没有法子到那里去。油味村的毕业会，定于六月一日举行。油味村在邢邑东北，相去只有十五里，我们本来可以赶到那里过夜，但是我们都愿意看看邢邑的热闹，所以决定在邢邑住下。晚饭前我们逛了逛街道；晚饭后我们全体去看龙王庙的夜戏。

我们提了一盏玻璃灯，除了我们"取经的大众"外，还有公理会胡本德先生，和邢邑福音堂的王敬修君作陪。我们快到庙会的地方，两旁有许多饭馆及小吃食摊，灯烛辉煌，照耀得如同白昼一般。人声嘈杂，烟气熏蒸，颇像到了北京前门外天桥一带的景况。

我们好容易挤到戏台前面。只见万头攒动，前推后拥如同波浪一般。我们到了里面，也就不知不觉的随他们浮沉，或进或退，时左时右，没有一尺净土可以立足，没有片刻工夫可以休息。这个人群中，有许多的声音，打成一片。戏台上的表白，差不多完全埋没。唱的时候，只听得梆声朗朗，胡琴姑姑，笛声徐徐而已。

戏台的前面，人群的周围，有无数牛车，环绕成半圆形，如欧美所谓之"半弧剧场"（Amphitheatre）。每辆牛车上，都坐着有七八个妇女，老少都有。他们都是附近村庄来看热闹的。他们坐的地位，虽然不很舒服，但是地势高，很得看，与城市戏园里面的包厢，没有什么分别。

那天晚上，唱的戏是《算粮登殿》。这出戏是北方最普通的一出戏，也是"梆子"戏里一个有名的戏。大概北方各省：如直隶，山西，陕西，河南，山东数省，乡下唱的戏，都是梆子。且每次唱的戏，十九离不了《汾河湾》，《武家坡》，《探寒窑》，《算粮登殿》……这几出戏，都是关于薛平贵的故事。汾河湾在山西，武家坡在陕西。今年七月里，我在山西汾州的时候，还见着一位阎先生，他就是武家坡的人，他还对我讲薛平贵的故事呢。可见此等故事印象之深，于风俗民情生了亲密的关系。研究平民文学的，不能不特别注意。

六月一日早八点，我们从邢邑到油味村去赴那里的毕业大会。油味村距邢邑只有十五里，在邢邑的东北。我们坐骡车，一个半钟头就到了。我起初听见这个村名，很有点惊奇。后来问本村的一位绅士，他说："该村附近原有汉纪信庙，因为他就在此处被汉高祖用油烹死。烹的时候，油味四达，所以这个村子就以油味为名了。"此话不免近于滑稽。只好姑妄听之，姑妄记之，作后人之参考而已。

油味村的毕业大会，也是十几个平民学校的联合会。会场设在村子的东头一个广场上。搭有大席棚一座，可容四五百人。棚前插着两杆五色国旗。棚内设有讲台。台前有板凳几十个，备各处毕业生及参观人坐息。

此会场靠近一小溪，溪之两旁，绿柳交柯。浓阴之下，男女老幼，在那里休息，等着看热闹的，将近千人。有许多妇女，席地围坐，手里一面做针线，嘴里一面谈天。孩童们则憨嬉跳跃，天真烂漫。十岁以下的男孩，十九都是赤裸裸一丝不挂。他们有捉迷藏的，有作"踢方地"游戏的，兴高采烈，不亦乐乎。还有那些壮年农夫，有躺着歇晌的，有蹲着吸烟的，也有对坐谈话的。一种熙熙然皞皞然的样子，大有葛天氏之民，无怀氏之民的气象。也是一幅天然的农村行乐图。

距会场约有一箭的远近，有一家门首，也插着国旗。有十几位衣冠楚楚的先生，他们的胸前马褂的扣上，都悬着一朵红花，一个绫条，上面写着"招待员"。外来的宾客，和被请来演说的人，都在此下车。招待员引导入内休息。他们招待得非常殷勤，备有很好的茶点，还有酒席。他们的酒席，却与我们在唐奉吃的不同，除了肥猪肉而外，还有几碟素菜。

这个招待处是借一位李姓家的房屋。这位姓李的，是油味村的一个医生。他非常热心提倡平民教育，他在村里办了两处男平民学校，又在他家里设了一个女平民学校。他与清苑县北邓村的张姓，可以说是并驾齐驱。像他们这样热心公益，服务社会的人，每个大村子有一两位，乡村平民教育就不难普及了。

油味村的毕业会，本定在午前九点开会。因为定县的县长要莅会演说，所以大众只得等他到了再开会。那知过了十二点，还没有他的影儿，等的人都厌倦了，不得不开会了。又过了一个钟头，我们正在演说的时候，忽然外面人声嘈杂，说是县大老爷来了。大家出去迎接进来，原来是县长派来的一位科长，替他作代表的。他也上台官样文章的敷衍了几句，算是凑了"面子"。

会场的主席，是定县公理会干事孙子祥先生，因为定县的平民学校十九都是公理会提倡的。这位孙先生对于平民教育尤其热心。他两年内在定县提倡设立了几十处平民学校，毕业的学生，已经有五百多人。所以定县平民教育的成绩，在保定各县，要数第一。一个多星期前，定县北边的大白尧村，也才举行过一次毕业大会。毕业领证书的，有一百多人。因为大白尧村不在我们的路线上，所以他们没有请我们去。孙子祥先生，却是从那里来的。

振铃开会之后，第一位登台演说的，就是孙子祥先生。他把平民教育的需要，说得很透彻。他演说的时候，我趁机溜到会场外面去照像。我的同事夏家驹先生，帮我扛着电影照像机。我们从会场讲台后面，轻轻的绕到会场前面，以为大众定不注意，我们便可自由拍照了。那知被一个小孩瞥见，他便嚷道："喂！看那块儿哩！"于是棚外站着看热闹的人，有几个都回头来看。有知道是照像的，便嚷道："他们照像哪！"于是棚外的人，都反身向我们这里跑来。棚内听讲的人，除了平民学校的学生，也都从棚内跑出来。霎时间，我们便被他们围困在垓心。我们没有法想，只好将照像机收起，并且对看众说："我们不照了，你们回去听讲罢！"他们仍然不去。一直等到我们离开了那个地方，回转到会场，他们才散。乡下人这种少见多怪的行为，实在可笑。但是这个电影照像机，他们自有生以来，第一次看见，所以一呼百应，大惊小怪。这也是普通群众的心理。

我扛着照像机,仍从会场后面进去。偶不留神,额角碰在一个竹竿尖上。我觉得很有点痛,倒没有工夫去管它。刚上了讲台,就轮到我演说。那天天气非常之热,会场的席棚搭得又低,人又多,如同蒸笼一般。我的头又碰得很痛,几乎发晕。但是咬着牙,沉住气,把我预备对这一百多毕业生说的话,一五一十的说出来。台前的人,有指着我暗笑的;我用手摸了摸我的前额,哎呀!出血了!赶紧用手巾拭擦,一面擦,一面仍不住的说。一口气把我要说的话都说完,才坐下,一个手巾都红了。后来有一位在场的朋友对我说:"傅先生,你那天演讲的精神还了得!头上流血都不知道痛!"

赴油味村毕业大会的平民学校,也有十几处。因为油味村在定县东南,靠近安平县和无极县,所以这两县的平民学校,也有来加入的。毕业生的总数,共一百四十人。

毕业会完了,我们休息了一点钟,吃了饭,仍回到邢邑去住。我在道上,与邢邑平民学校的毕业生和教员,照十几尺电影,他们手上都拿着毕业证书,口里唱着平民学校校歌,高高兴兴的回家。教员手里拿着褒状,我特别与他照了一个像。

晚上回到邢邑,又同平民学校的两位教员,讨论继续教育问题,并讲他们鼓励毕业学生回家,用他们自己的书传习别人。教得好的,由教员设法奖励。读完了千字课的人,仍由教员考试。及格的,也发给毕业证书。这种办法,就是将一个平民学校,化做许多平民学校。更由学校式的学校,一变而为家庭式的学校。一般妇女不愿出门读书的,或是愿读书而无妇女学校的,都可以有机会受教育了。

六月二日,我们由邢邑起身向定州城前进。路程五十里,方向是正北。是日天气晴朗无风。因久旱未雨,农夫多在田间推水磨,汲水灌田。

距邢邑十五里有一个小村庄,叫做曹村。村中有平民学校一处,附设在国民小学校内。我们到那里去参观了一回。平民学校的学生，白天都到田里作工去了。我们只会见他们的两位教师。这两位教师就是国民小学的教员，他们非常热心。该村平民学校共有学生三十余名，毕业的已有一班。

我偶然问到该村平民学校成立的经过，孙子祥先生说是他去年才来提倡的。我正要照些乡村平民学校成立历史的电影片，于是我就请孙先生把从前的事实重演一回。他答应了，便借了一个自行车，因为他从前去提倡的时候，是乘自行车去的。他乘着车，又带着些平民教育图画和平民千字课，先到曹村的村长家里，劝村长出来提倡。村长被他说动了，便亲身出马，到村中各人家，挨门挨户去招生。孙先生又去拜会该村的一位女教员，两位女学生，他们都是在保定教会学堂读过书的。这三位女将，也告奋勇，出门去找女生，组织妇女千字课班。孙先生走到什么地方，我就跟着他跑到什么地方，随走随照。我扛着一个大照相机器，汗流浃背；但是因为做的是有趣的事，一点也不觉得累。那天在曹村照了一百多尺的活动电影片。

照完了曹村平民学校成立的经过，我们又到该村的十字街口，借了一口大铜锣，咣！咣！咣！地敲起来。霎时间村中的男女老幼聚集了一二百人。我与李夏两君站在我们的骡车辕上，居高临下，倒是一个临时的活动讲演台。我们把带去的图画，一张一张的打开，对他们解说。李夏两君的话，听众似乎不大懂，我只得多卖点力气。其实我的北方话，也不免"以五十步笑百步"，差不了多少。

我们辞别了曹村的同胞们，直奔定州城。走了二十余里，过一条大河。车夫说是沙河，往岁时闹水灾。民国九年，红十字会曾捐款修筑河堤，至今已渐倾塌。河水夏日枯竭，每至春季，淫雨之后，山水暴发，则一片汪洋。我们经过的时候，正是初夏，一点水也没有，所见只是无垠平沙。这个干沙河宽至八九里，整走了一个钟头才过完。我们想到西游记上的流沙河，又觉得我们好似那取经的大众了。

距定州城还有十几里路,一个塔尖从前面的树木上露出来,若隐若现的。不消说,一定是那个久闻名的定州塔了。定州人说此塔是中国最高的塔。这不免有点自夸,故为"张大其词",恰如中国人在闭关自守时代,以天下自居一样,这种 Local pride 也是各处民族固有的特性。

路程短了,塔渐渐得高起来。不多一刻的工夫,定州城已在目前。定州的城,周围二十六里有余,比保定府城几乎大一倍,但是城墙破裂的地方很多,因为年久缺修的缘故。据定州志书说,该城在春秋战国的时代即已建筑,为中山国的都城,《左传》上载的乐羊子伐中山,就是此处。

我们进了城,下榻于南街福音堂,因孙子祥先生是该堂的牧师,竭力招待,情不可却。

因为定州城内没有平民学校,望都县的毕业会又改在六月四号,望都县距定州只五十里,半日可达。所以我们决定在定州休息半天,借此游览城内的古迹。

定州的古迹很多,最著名的是:

(一)定州塔 本名大塔,又名料敌塔,宋真宗咸平四年建筑的。高十三级,围六十四步。因筑以望契丹,故名料敌塔。到明朝的时候,经过两次地震,东北角倾毁一部分。

(二)汉中山靖王墓 中山靖王胜,是刘备十七世祖。墓极大,高二丈余。历朝均曾修葺。道光庚戌,州牧宝琳重修围墙及墓门,并在东壁勒石作记。

(三)众春园 为宋韩琦所建。前清康熙,嘉庆两帝,均曾驻跸于此园内。康熙的笔迹很多。园中有苏东坡的雪浪石,又有乾隆时发现的后雪浪石,有诗铭记其事。

(四)白果树 在城内西南隅,大二十余围,高十数丈,已死数百年,不知何代物,至今枝干依然参差,如龙虎之张牙舞爪。因其木质坚硬,不易朽坏也。民国十三年,有老道某语人,树神显灵,树旁井中出圣水,可治百病。于是一般善男信女,祈福的络绎不绝，"有求必应"的匾额，挂满了一树。树前建设小庙一座，去烧香的病人，磕完了头，在炉内捻一把香灰，和取出的井水喝下去，病就可以好了。若是家中有病人的，则将灰和水带回去给他喝，"如法炮制"。说也奇怪，这样的药，偏就治好了许多病人。大约是心理上的作用吧！

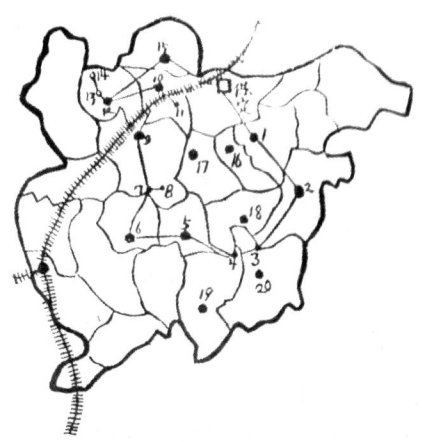

视察直隶南部各县平民学校路线图

说明

1. 蠡县	2. 饶阳县
3. 唐镇	4. 马疃村
5. 深泽县	6. 无极县
7. 邢镇	8. 油咪村
9. 定邑镇	10. 望都县
11. 张庄	12. 唐县
13. 黄金峪	14. 管家佐
15. 完县	16. 博野县
17. 安国县	18. 安平县
19. 束鹿县	20. 深县

（五）古物陈列所　附设在社会教育办事处内，陈列的东西不少，可惜地方太窄小，管理又不得法，所以当有损毁及遗失的事情。有大铜佛一座，观其雕镂的手术，大约系魏隋时代所铸。该处所存之断碑残碣，也多是魏隋的遗物。至于缸瓮等土器，大小形状，也有好几种。可惜没有经考古家的证明及说明，我们外行不大懂得古董的价值。北室橱内存有小玉石椁一个，约一尺半见方，高也如之。孙子祥先生对我们说：这是那年定州闹旱灾的时候，以工代赈，在南街修马路时，掘出来的。椁内本有一金棺，棺中尚有一

舍利。当掘出的时候,被一个兵将棺连舍利都抢去。后来县知事与该兵的官长交涉,算是把金棺退还,舍利则不翼而飞了。现在这个金棺尚存在县库,玉椁则存在社会教育办事处。我在县志上查看,才知道这是唐朝开元寺僧会能的棺椁。会能曾被派到印度去取佛经,这颗舍利是从印度带回来的。后来会能死了,舍利就殉了葬。我们常听说佛家的舍利子,不知是什么东西,想来是一颗大珍珠吧。

我们在定州城内这个短时间的游览,引起我对于平民教育两个感想。我觉得定州城的古迹古物和定州人的迷信,都与平民教育有密切的关系。平民教育应当提倡保存国家的古迹古物;平民教育更要设法破除一般愚夫愚妇的迷信。若是定州的平民教育发达起来,定州的古迹古物必不至倾毁损失;定州的人民也不会再向一棵死树磕头求福了。

我在定州城乡各处的观察,总括起来说,得的感想很不坏。定州在前清是一个直隶州,民国改为县,现在仍是直隶省的一个大县,而且是直隶省的一个模范县。定州有两个特点,是他县所没有的:(一)定州的教育最发达,除中学,男女师范而外,全县有小学三百六十余所。近二年来,平民教育也勃然而兴。在保定各县中,要算定州的平民学校最多了。(二)定州的人民,比他县开通。有许多村庄将庙宇拆毁,改建学校。天足会盛行,缠足的风气,差不多消灭了。我们到处看见女孩与男孩们在一块儿玩,作"踢方地"的游戏,一双腿跳来跳去,有时战胜了男孩。别处缠足的女孩们,那能有这样活泼的精神呢!

平教总会打算在华北选一县,设一个乡村平民教育试验区,作华北全区的模范,实行普及乡村平民教育的计划。我们觉得定州有作这个试验区的资格。我们回到总会后,经过几次讨论,决定在定州实行我们乡村教育的计划。现在我们在定州已经设立了一个办事处,对于文字教育,生计教育,公民教育,都一一的彻底去试验。对于生计教育,我们并且在定州的翟城村设立了一个农场,实施普及农业科学的方法。关于此事，我们总会生计教育科主任冯梯霞博士另有详细著述，我不必在此赘说。至于定州全县乡村平民教育进行的情形，也另有详细报告。这些都是后来的事，不是这篇旅行记所能包括的。

六月三日清晨，我们由定州起程，出北门，过滹沱河，行三十里至清风镇，一大集市也。人口约千余户，南北街长数里，我们到此处"打尖"。定州西南三十里，有明月镇，为定州正定间之大镇，与清风镇遥遥相对。古诗有"清风明月下定州"之句，我读的诗很少，不知是否出自苏东坡？东坡曾一度任定州刺史，或不为无因。闻此二镇之名，即得之于此一句诗。

我们的骡车在一个店前停歇，我们都下来"打尖"。"打尖"者，即北方人出门吃早饭的土语。店前就是一个小茶铺，兼卖烧饼"果子"，（南方人呼为"油炸鬼"）此处"果子"做得又大又好吃，我一口气吃了六七条，开了一个新纪录。

打过了尖，我们又向北前进，又走了三十里，抵望都县。进南门，至公理会福音堂休息。见该堂牧师张君，云平校毕业典礼定于明日在城东张庄举行。我们遂决定是晚在望都借宿。

晚饭后，张君引导我们出外散步，由东门登城墙，以便高瞻远眺。望都的城墙很特别，由东门至北门不是一个向外弯的勾股线的直角，乃是一个向内弯的勾股线的直角。换句话说，就是一个正方形的城，少了四分之一的面积。据张君云：此城在前清时曾发生两次逆伦案。按前清律例，如某县城发生逆伦事件，则削去一个城角，以示警戒；如发生两次逆伦之事，则削去城之四分之一；如发生逆伦案三次，则削平全城，并将城内居民无论男女老幼一律置之死地。我记得京兆通县（即北通州）的城缺一西南角，上次我同京兆尹公署第三科张竹溪科长赴通县视察平民教育，张君亦曾指此圆形之城角相告。这次在望都又遇见同样情形，更可证明此事之确凿。不过此种法律，似乎过于惨酷，逆伦之事，虽是罪大恶极，然何至累及全城居民，杀戮无辜。推其用意，似以为一个地方竟然发生了三次逆伦的事，必是因为这个地方的风俗民情太坏的原故；所以必须将全城毁灭，免得流毒他处。从前我国社会之重视人伦，于此可见一斑。驯至今日，世风不古，父不父，子不子，兄不兄，弟不弟，违反伦常之事，日有所闻，社会也几如"司空见惯"，不以为怪，可叹可叹！

六月四日，我们坐骡车向张庄进发。张庄在望都县城东北，约十五里，是一个大村落。人口约有五六百户，平民学校即附设在该村之小学校内。学生人数不少，成绩甚佳，读完四册千字课的学生，已能作短篇白话文，我索得他们的作文成绩十余本，带回总会陈列。此处我们发给毕业证书二十余张，临行时平校学生排队送至村外，颇为整肃。望都开办之平民学校甚少，盖其地人民不如定州人民开通，而办事人的才力也较逊也。

望都东门外有丹朱墓，由城外大道上南望可见。高大虽不如定州之中山靖王墓，但也庞硕可惊。古人陵墓大都如是，岂因古人身材特别伟大耶？抑因帝王坟墓与常人不同，乃有此特殊之建筑耶？

望都之所以名为望都，因由此可望见都城也。所谓都城是那一个？是不是北京？但北京距望都甚远，岂可望见。望都之西北为唐县，据云为唐尧之故都；或者望都之取义在此。然乎否乎。

是日午后，我们由张庄回至望都县城，略用午餐，即起程向唐县进发。唐县距望都约四十里，在望都西北。我们出望都北门，驱车前进，沿路林木葱茂，河流潆洄，景色甚佳。盖唐县在西山之麓，我们坐车向山而行，层峦叠嶂，迎面而来，精神为之一爽。车路渐崎岖不易行，我下车步行之时较多，借此领略田野风景。

唐县距望都虽只四十里，我们起身甚晚，而道路又不平坦，所以我们到了唐县已经万家灯火矣。

唐县公理会福音堂，在东大街，我们由胡本德先生介绍，借宿其处。此福音堂后院有石桌，石凳和许多断碑残碣。据胡先生说：前几年他们建造房屋的时候，在此处掘出许多石器，并有石人石马等，均唐代物。他们将完整的碑碣及雕刻卖与某外国人，得了几万块钱。我们中国地下的古物，从来没有保管的法律，谁人掘得便是谁的，掘出之后，又无法保存，随便售卖，散失流亡，不可复寻；而且近年来我国因内战连延，更无人顾及此事，发见的古物，多半落入外国人手中。

六月五日，我们由唐县起身，唐县在西山之麓，由此西行，皆系山道，骡车失其用。我们换了代步的工具，这种工具是北方山岭中最普通的，就是驴。

我们走了二十余里，到了一个山村，叫做黄金峪。我们以为这个地方一定很富足，或者金矿必定多。但是一打听，只徒有其名。然而环村附近之山坡，大小石块中都有无数亮晶晶的东西，日光照其上，闪灼灿烂，煞是好看。有时光华耀目，令人不能逼视，无怪乎有黄金峪之名。我拾了一块石子，细细地察看了一下，知发光的东西是石英，但是其中也有些矿质。

黄金峪的平民学校，也是公理会办的，附设在村中福音堂内，此次毕业的学生有十余人，我们仍照例开会讲演，并颁发证书。

我们雇的驴子是短路的，到此为止。因为赶驴的人，都是农夫，现在正值农忙的时候，他们都不愿出外做"赶脚"的事，我们因为驴子不好雇，只得在黄金峪住一夜。我们托福音堂的人替我们雇驴子到管家佐，管家佐距黄金峪七十里，骑驴一天可到。福音堂的人四处奔走，没有雇成一个。我们共有五个人，连行李共要七个驴子，福音堂的人说：现在正是割麦的时候，没有人愿意出门。我们听了几致束手无策。幸该地平校毕业生得此消息，互相集议，派代表数人来见我们，说他们愿送我们到管家佐去。他们虽然也要割麦，但是耽误一两天尚不要紧。而且他们说：我们送我们的老师们，是应当的；他们不怕辛苦，四处奔走，为我们谋教育机会，我们就该躲懒，不为他们帮忙吗？

六月六日晨，我们由黄金峪起程，七个平校学校七头驴，天气清朗而凉爽，大众精神勃勃。我骑的一头驴，走得快而稳，我并没有打它，它总喜欢跑到别人前面，不愿落后，真是一个有志气的牲口；我十分高兴，每到一处茶棚休息时，我便买些饼给它吃，它也似乎十分快活。

由黄金峪至管家佐，一路都是山地，时上时下，尚不算得崎岖。我们走了约有半天，到了唐河。唐河也是直隶省西部的一条大河，发源于山西东部山中，东流经唐县而入白河。唐河两岸皆石崖，驴夫云：石崖上刻佛像甚多，有一处名千佛崖，距我们过渡的地方不过二三里。我甚愿去看，但李夏诸君都怕时间太晚，赶不到管家佐，不敢去；我一个人也就不能独去了。

七十里路本不算长，因是山路比平路难走，我们到管家佐已经黄昏时候了。当晚在该处福音堂借宿。

六月七日晨，我们早起，准备考试。管家佐平校毕业生男女共二十余人，由胡夏李三先生分任考试。我背了电影照相机，到村里村外摄影，碰见一个中年人，抱一个一岁多的孩子，坐在一个水井旁石阶上，他左手抱着孩子，右手拿一本千字课，正在翻读；又有几口猪在井前走来走去，煞是有趣，我自然舍不得这种天真烂漫的一幅读书图。

管家佐一带山中，树木以枣树最多。居民有用枣酿酒者，我等前往一家参观，地下埋大缸十余，又有大规模之锅灶等。枣树之外，又有核桃，栗子，柿子等果树。柿子分"排子""鹅子"两种：排子扁而大，鹅子圆而小。我还记得陕西有一种柿子，色红如血，皮薄味厚，土人呼为"火罐柿子"。此种柿子他省不多见。

我们在管家佐住了一天两夜。六月八日晨，我们另雇了七匹驴子，因为黄金峪的驴子送我们到管家佐，第二天便都回去。我们给驴夫的脚钱，他们还谦让了一回，他们总以为他们是学生，应当对先生客气。他们的态度诚恳而真实。这是乡下人的美德，城市人所不及的。

我们雇的七匹驴子，有一匹是个草驴，又踢又叫，不要人骑，夏李胡诸君都不敢骑它，驮行李它就卧地不起。他们用话激我，叫我骑；他们把好驴都占据了，剩下这匹驴，我不骑也不行。我只得拿出我从前骑木马的本领，从远处跑到驴后，一跃而上。它双腿乱踢，已踢不着。旁边看热闹的人，大喝其彩，我也十分高兴，随打了它几鞭子，它居然俯首帖服，走得非常平稳，而且比别的驴快。

我们路程的方向是东北，向完县前进。我们虽是从唐县来的，但是我们要回保定，不必再经过唐县。由管家佐到保定，共有一百八十里，保定在东北方，所以我们向东北进行，走了五个多钟头，又到唐河左岸。这次我们很从容。因为我的驴子在前面，我先到岸边。我想与其在此等他们，不如趁此机会去看看千佛崖。我叫驴夫在岸边等候，并告诉同行诸人。我一人顺岸边沙滩往东行，好在千佛崖相距不过二里，沙滩上大石甚多，我连跳带跑，不一会到了一个所在。见岸旁石壁上刻佛甚多，大小不一，高下不等，并无庙宇，亦无碑碣，蔓草乱石，阒无一人。佛像并不精细，不知系何代遗物。徘徊片时，仍循原路而返，夏李胡诸君已在岸边坐候矣。

行行复行行，我们又翻过几个山岭，每次下山时路陡石滑，我心旌摇摇，怕驴子惊跑，或是"打前失"，我的性命便休了。那知这个驴子虽然脾气坏，走路和爬山的本领却是十分好，居然没有闪过一次腿。我非常喜欢。我们走到一个山沟里，有一片平地，几户人家，一个茶棚，茶棚前有一条水渠，约五尺宽，上面架一条石版桥，约尺余宽。别人都骑着驴慢慢地过去，我的驴到了桥边观望不前，我正打算下来牵它过去，那知它忽然向前一蹿，跳过水渠，几乎将我摔在渠里。幸亏我身子向前一伏，才得保持均衡力。否则头破血流矣，危乎殆哉！

经了这次险，我知道这个畜生的怪脾气，不敢大意，时刻加以防范。又走了二三十里，已日落西山黄昏时候，迎面来了一个商人，也骑着一头驴，我的驴见了便大呼小叫起来，那头驴好像懂得它的话，也长嘶相答。彼此闹了一阵。那个商人把驴鞭了几鞭，赶向前面去了。我的驴如同生了根的一般，动也不动。我气极了，使劲打了它几鞭子，它忽然掉回头就跑，一面跑，一面跳。我更生气，狠命地用鞭子把它乱打。谁知它不但不听话，而且愈弄愈僵。

跑了约二里之遥，它忽然往路旁田地里一蹶，把屁股和后腿竖得高高的。这一下我可坐不住了，一个跟斗就翻下来。这头驴本来只有鞍，没有镫，全靠两腿用力夹，若是夹不住，自然要滚下来。幸亏我的运气好，正在摔下来的时候，同行的人都到了，恰好看见这幕趣剧。我的驴夫，（他还有一条驴，驮着行李，他因为跟不上我骑的驴，便跟着驮行李的驴。）也赶快上前捉着了驴。我一骨碌爬起来，拍去衣服上的灰土。幸亏这块田地没有种粮食，而且是新耕过的，非常柔软，所以我虽然摔得很厉害，却没有受伤。但是在慌乱中，把我的自来水笔和几块零钱丢了！

我吃了这个亏，宁愿走路，不愿再骑这匹劣驴。但是走了几里，因为左腿在驴上摔下的时候，扭了一下，不良于行。只得又爬上驴背去，驴夫恐怕又出"岔子"，在前面牵着缓缓而行，不一时就到了我们的目的地了。这算是我这次出门吃的一个大苦头。但是回想起来，觉得津津有趣。

我们的骡车，就在我们借宿的村子等候。他们是在我们离开唐县的那天，从唐县赶到此处来的。我们既出了山，驴子可以用不着骑，由此处我们又坐上骡车。我们那天晚上，在这个村里还有两件趣事：吃晚饭的时候，我们借宿的主人翁端出几大碗面来。他们用的碗如同盆子一样，碗口直径有五寸，碗高约六寸。我拼命地吃，只吃了半碗。夏李胡三君，连半碗都吃不了。我估计这碗面至少有一斤。据主人说，他们村里饭量好的，每顿要吃三四碗；乡下人真是能吃能做。吃完了饭，我们的第二个重要问题就是睡觉。其时天气很热，我和胡本德先生都不愿睡在屋子里，因为空气既不流通，土炕气味又很难闻。胡先生忽然奇想天开，提议我们俩上屋顶去睡。此处房屋修得很结实，屋顶是平的，而且都是洋灰抹的，又光滑，又干净。胡先生和我从梯子爬上去，把被褥和军用床都搬上去，铺开露宿。满天星斗，凉风习习，十分舒服，惟天明时觉得有点冷耳。

六月九日，我们坐骡车向保定进发。此处距保定只有一百里，我们天明时就动身，决定一天赶到。走了五十里，到了完县城，我们进西门，出东门，穿过县城，那天正逢集日，四乡的人都到完县赶集，十分热闹。又行五十里，到了保定。我们离开保定的时候，麦子还没有割，现在麦子都割尽了。那天天气非常之热，尘土非常之大，我们脸上一面出汗，一面扑尘土，弄得一个个都像泥人一般。拉车的骡车，又不断的放屁，臭气熏蒸。我和夏君挤在一个车里，十分难过。太阳如烈火一般，又不敢多走路，只得闷睡车中昏昏沉沉的如病如痴。幸而车夫也急于回家，把骡子赶得很快，下午四点多钟，我们已到了保定。"归心似箭"的这种滋味，这天算是饱尝了。

我们这次旅行共历半月之久，经过十一个县，几百个村庄，开了九次平民学校毕业典礼，颁发了几千张毕业证书，也可算得是空前的壮举了；虽然受点辛苦，而所得的经验的代价，总算值得。我希望将来还有比这次规模还伟大的旅行，倘得游历全国各省各县，那才遂我的心愿呢！

十五年七月记于旧都寄庐

（附注）此篇记录前段曾登载于《新教育评论》一、二、三卷各期，后半段没有发表过。